हिन्द स्वराज्य

मोहनदास करमचंद गांधी

डायमंड बुक्स

www.diamondbook.in

प्रकाशक : डायमंड पॉकेट बुक्स (प्रा.) लि.
X-30, ओखला इंडस्ट्रियल एरिया, फेज-II
नई दिल्ली-110020
फोन : 011-40712200
ई-मेल : sales@dpb.in
वेबसाइट : www.diamondbook.in
अनुवादक : अमृतलाल ठाकोरदास नाणावटी

Hind Swaraj
by : Mohandash Karamchand Gandhi

निवेदन

गांधी जी के विचार आसान हिन्दुस्तानी में जनता के सामने रखना 'गांधी हिन्दुस्तानी साहित्य सभा, दिल्ली' के अनेक कामों में से एक खास काम है। गांधी जी अकसर आसान भाषा में ही लिखते थे। उन्होंने जो गुजराती भाषा में लिखा है, वह बिलकुल सरल है।

फिर भी मुमकिन है कि गुजराती, हिन्दी और दूसरी भाषाओं में जो शब्द आसानी से समझे जाते हैं, वे सिर्फ उर्दू जानने वालों के लिए नये हों। इसलिए अनुवाद में ऐसे शब्दों के साथ-साथ आसान उर्दू शब्द भी देना ठीक समझा है। उम्मीद है कि इस तरह उर्दू जबान हिन्दी के नज़दीक आयेगी और उर्दू जानने वाली जनता हिन्दुस्तान की दूसरी भाषाओं का साहित्य भी आसानी से समझ सकेगी।

गांधी हिन्दुस्तानी साहित्य सभा ने नवजीवन के साथ तय किया है कि गांधी जी की जो किताबें वह तैयार करेगी, उनकी नागरी आवृत्ति छापने का भार नवजीवन का होगा।

काका कालेलकर

दो शब्द

लंदन से दक्षिण अफ्रीका लौटते हुए गांधी जी ने रास्ते में जो संवाद लिखा और 'हिन्द स्वराज्य' के नाम से छपाया, उसे आज पचास बरस हो गये।

दक्षिण अफ्रीका के भारतीय लोगों के अधिकारों की रक्षा के लिए सतत लड़ते हुए गांधी जी 1909 में लंदन गये थे। वहां कई क्रांतिकारी स्वराज्य प्रेमी भारतीय नवयुवक उन्हें मिले। उनसे गांधी जी की जो बातचीत हुई उसी का सार गांधी जी ने एक काल्पनिक संवाद में ग्रंथित किया है। इस संवाद में गांधी जी के उस समय के महत्व के सब विचार आ जाते हैं। किताब के बारे में गांधी जी ने स्वयं कहा है कि "मेरी यह छोटी-सी किताब इतनी निर्दोष है कि बच्चों के हाथ में भी यह दी जा सकती है। यह किताब द्वेषधर्म की जगह प्रेमधर्म सिखाती है; हिंसा की जगह आत्म-बलिदान को स्थापित करती है; और पशुबल के खिलाफ टक्कर लेने के लिए आत्मबल को खड़ा करती है।" गांधी जी इस निर्णय पर पहुंचे थे कि पश्चिम के देशों में, यूरोप-अमेरिका में जो आधुनिक सम्यता जोर कर रही है, वह कल्याणकारी नहीं है, मनुष्य हित के लिए वह सत्यानाश कारी है। गांधी जी मानते थे कि भारत में और सारी दुनिया में प्राचीन काल से जो धर्म-परायण नीति-प्रधान सभ्यता चली आयी है वही सच्ची सभ्यता है।

गांधी जी का कहना था कि भारत से केवल अंग्रेजों को और उनके राज्य को हटाने से भारत को अपनी सच्ची सभ्यता का स्वराज्य नहीं मिलेगा। हम अंग्रेजों को हटा दें और उन्हीं की सभ्यता का और उन्हीं के आदर्श का स्वीकार करें तो हमारा उद्धार नहीं होगा। हमें अपनी आत्मा को बचाना चाहिये। भारत के लिखे-पढ़े चंद लोग पश्चिम के मोह में फँस गये हैं। जो लोग पश्चिम के असर तले नहीं आये हैं, वे भारत की धर्म-परायण नैतिक सभ्यता को ही मानते हैं। उनको अगर आत्मशक्ति का उपयोग करने का तरीका सिखाया जाय, सत्याग्रह का रास्ता बताया जाय, तो वे पश्चिमी राज्य-पद्धति का और उससे होनेवाले अन्याय का मुक़ाबला कर सकेंगे तथा शस्त्रबल के बिना भारत को स्वतंत्र करके दुनिया को भी बचा सकेंगे।

पश्चिम का शिक्षण और पश्चिम का विज्ञान अंग्रेजों के अधिकार के जोर पर हमारे देश में आये। उनकी रेलें उनकी चिकित्सा और रुग्णालय, उनके

न्यायालय और उनकी न्यायदान-पद्धति आदि सब बातें अच्छी संस्कृति के लिए आवश्यक नहीं है, बल्कि विघातक ही हैं-वगैरा बातें बिना किसी संकोच के गांधी जी ने इस किताब में दी हैं।

मूल किताब गुजराती में लिखी गयी थी। उसके हिन्दुस्तान आते ही बंबई सरकार ने आक्षेपार्ह बताकर उसे जब्त किया। तब गांधीजी ने सोचा कि 'हिन्द स्वराज्य' में मैंने जो कुछ भी लिखा है, वह जैसा का वैसा अपने अंग्रेजी जानने वाले मित्रों और टीकाकारों के सामने रखना चाहिये। उन्होंने स्वयं गुजराती 'हिन्द स्वराज्य' का अंग्रेजी अनुवाद किया और उसे छपाया। उसे भी बम्बई सरकार ने आक्षेपार्ह घोषित किया।

दक्षिण अफ्रीका का अपना सारा काम पूरा करके सन् 1945 में गांधी जी भारत आये। उसके बाद सत्याग्रह करने का जब पहला मौका गांधी जी को मिला, तब उन्होंने बंबई सरकार के हुक्म के खिलाफ 'हिन्द स्वराज्य' फिर से छपवाकर प्रकाशित किया। बम्बई सरकार ने इसका विरोध नहीं किया। तब से यह किताब बम्बई सरकार ने राज्य में, सारे भारत में और दुनिया के गंभीर विचारकों के बीच ध्यान से पढ़ी जाती है।

स्व. गोखले जी ने इस किताब के विवेचन को कच्चा कहकर उसे नापसन्द किया था और आशा की थी कि भारत लौटने के बाद गांधी जी स्वयं इस किताब को रद कर देंगे। लेकिन वैसा नहीं हुआ। गांधी जी ने एकाध सुधार करके कहा कि आज मैं इस किताब को अगर फिर से लिखता, तो उसकी भाषा में जरूर कुछ सुधार करता। लेकिन मेरे मूलभूत विचार वही हैं, जो इस किताब मैंने व्यक्त किये हैं।

गांधी जी के प्रति आदर और उनके विचारों के प्रति सहानुभूति रखनेवाले दुनिया के बड़े-बडें विचारकों ने 'हिन्द स्वराज' के बारे में जो संमति प्रगट की है, उसका सार श्री महादेव देसाई ने नई आवृत्ति की अपनी सुन्दर प्रस्तावना में दिया ही है।

अहिंसा का सामर्थ्य, यंत्रवादका गांधी जी का विरोध और पश्चिमी सभ्यता तीनों के बारे में और सत्याग्रह की अंतिम भूमिका के बारे में भी पश्चिम के लोगों ने अपना मतभेद स्पष्ट रूप से व्यक्त किया है।

गांधी जी के सारे जीवन-कार्य के मूल में जो श्रद्धा काम करती रही, वह सारी 'हिन्द स्वराज्य' में पायी जाती है। इसलिए गांधी जी के विचारसागर में इस छोटी-सी पुस्तक का महत्व असाधारण है।

गांधी जी के बताये हुए अहिंसक रास्ते पर चलकर भारत स्वतंत्र हुआ। असहयोग, कानूनों का सविनय भंग और सत्याग्रह - इन तीनों कदमों की मदद से गांधी जी ने स्वराज्य का रास्ता तय किया। हम इसे चमत्कारपूर्ण घटना का त्रिविक्रम कह सकते हैं।

गांधी जी के प्रयत्न का वही हाल हुआ, जो दुनिया की अन्य श्रेष्ठ विभूतियों के प्रयत्नों का होता आया है।

भारत ने, भारत के नेताओं ने और एक ढंग से सोचा जाय तो भारत की जनता ने भी गांधी जी के द्वारा मिले हुए स्वराज्य-रूपी फल को तो अपनाया, लेकिन उनकी जीवन-दृष्टि को पूरी तरह अपनाया नहीं है। धर्मपरायण, नीति-प्रधान पुरानी संस्कृति की प्रतिष्ठा जिसमें नहीं है, ऐसी ही शिक्षा-पद्धति भारत में आज प्रतिष्ठित है। न्यायदान पश्चिमी ढंग से ही हो रहा है। इसकी तालीम भी जैसी अंग्रेजों के दिनों में थी वैसी ही आज है। अध्यापक, वकील, डॉक्टर, इंजीनियर और राजनीतिक नेता-ये पाँच मिलकर भारत के सार्वजनिक जीवन को पश्चिमी ढंग से चला रहे हैं। अगर पश्चिम के विज्ञान और यांत्रिक कौशल्य (Technology) का सहारा हम न लें और गांधी जी के ही सांस्कृतिक आदर्श का स्वीकार करें, तो भारत जैसा महान देश साउदी अरेबिया जैसे नगण्य देश की कोटि तक पहुँच जायगा, यह डर भारत के आज के सभी पक्ष के नेताओं को है।

भारत शांततावादी है, युद्ध-विरोधी है। दुनिया का साम्राज्यवाद, उपनिवेशवाद, शोषणवाद, राष्ट्र-राष्ट्र के बीच फैला हुआ उच्च-नीच भाव- इन सबका विरोध करने का कंकण भारत-सरकार ने अपने हाथ में बाँधा है। तो भी जिस तरह के आदर्श का गांधी जी ने अपनी किताब 'हिन्द स्वराज्य' में पुरस्कार किया है, उसका तो उसने अस्वीकार ही किया है। स्वाभाविक है कि इस तरह के नये भारत में अंग्रेजी भाषा का ही बोलबाला रहे। सिर्फ अमेरिका ही नहीं, किन्तु रशिया, जर्मनी, चेकोस्लोवाकिया, जापान आदि विज्ञान-परायण राष्ट्रों की मदद से भारत यंत्र-संस्कृति में जोरों से आगे बढ़ रहा है और उसकी आंतरिक निष्ठा मानती है कि यही सच्चा मार्ग है। पू. गांधीजी के विचार जैसे हैं वैसे नहीं चल सकते।

यह नई निष्ठा केवल नेहरू जी की नहीं, किन्तु करीब-करीब सारे राष्ट्र की है। श्री विनोबा भावे गांधीजी के आत्मवाद का, सर्वोदय का और अहिंसक शोषण-विहीन समाज-रचना का जोरों से पुरस्कार कर रहे हैं। ग्रामराज्य की स्थापना से, शांतिसेना के द्वारा, नई तालीम के ज़रिये, स्त्री-जाति की जागृति के द्वारा वे मानस-परिवर्तन, जीवन-परिवर्तन और समाज-परिवर्तन का पुरस्कार कर रहे हैं। भूदान और ग्रामदान के द्वारा सामाजिक जीवन में आमूलाग्र क्रांति करने की कोशिश कर रहे हैं। लेकिन उन्होंने भी देख लिया है कि पश्चिम के विज्ञान और यंत्र-कौशल्य के बिना सर्वोदय अधूरा ही रहेगा।

जब अमेरिका का प्रजासत्तावाद, रशिया और चीन का साम्यवाद, दूसरे और देशों का और भारत का समाजसत्तावाद और गांधी जी का सर्वोदय दुनिया के सामने स्वयंवर के लिए खड़े हैं, ऐसे अवसर पर गांधी जी की इस युगांतरकारी

छोटी-सी किताब का अध्ययन जोरों से होना चाहिये। गांधी जी स्वयं भी नहीं चाहते थे कि शब्द-प्रमाण की दुहाई देकर हम उनकी बातें जैसी की वैसी ग्रहण करें।

'हिन्द स्वराज्य' की प्रस्तावना में गांधी जी ने स्वयं लिखा है कि व्यक्तिश: उनका सारा प्रयत्न 'हिन्द स्वराज्य' में बताये हुए आध्यात्मिक स्वराज्य की स्थापना करने के लिए ही है। लेकिन उन्होंने भारत में अनेक साथियों की मदद से स्वराज्य का जो आन्दोलन चलाया, कांग्रेस के जैसी राजनीतिक राष्ट्रीय संस्था का मार्गदर्शन किया, वह उनकी प्रवृत्ति पार्लियामेन्टरी स्वराज्य (Parliamentary Swarajya) के लिए ही थी।

स्वराज्य के लिए अन्याय का, शोषण का और परदेशी सरकार का विरोध करने में अहिंसा का सहारा लिया जाय, इतना एक ही आग्रह उन्होंने रखा है। इसलिए भारत की स्वराज्य-प्रवृत्ति का अर्थ उनकी इस वामनमूर्ति पुस्तक 'हिन्द स्वराज्य' से न किया जाय।

गांधी जी की यह चेतावनी कांग्रेस के स्वराज्य-आन्दोलन का विपर्यास करने वालों के लिए थी। आज जो लोग भारत का स्वराज्य चला रहे हैं, उनके बचाव में भी यह सूचना काम आ सकती है। भारत के राष्ट्रीय विकास का दिन-रात चिंतन करने वाले चिंतक और नेता भी कह सकते हैं कि हमारे सिर पर 'हिन्द स्वराज्य' के आदर्श का बोझा गांधी जी ने नहीं रखा था।

लेकिन अगर गांधी जी की बात सही है और भारत का और दुनिया का भला 'हिन्द स्वराज्य' में प्रतिबिम्बित सांस्कृतिक आदर्श से ही होने वाला है, तो इसके चिंतन का, नव-ग्रंथन का और आचरण का भार किसी के सिर पर तो होना ही चाहिये।

मैंने एक दफे गांधी जी से कहा था कि "आपने अपनी स्वराज्य सेवा के प्रारम्भ में 'हिन्द स्वराज्य' नामक जो पुस्तक लिखी उसमें आपके मौलिक विचार हैं, तो भी शंका होती है कि वे रस्किन, थोरो, एडवर्ड कारपेन्टर, टेलर, मैक्स नार्डू आदि लोगों के चिंतन से प्रभावित हैं। इन लोगों ने आधुनिक सभ्यता के दोष दिखाये हैं। विश्व-बंधुत्व की बुनियाद पर स्थापित पुरानी सभ्यता का इन लोगों ने पुरस्कार किया, इसलिए आपका 'हिन्द स्वराज्य' पढ़ने से यही ख़याल होता है कि आप भूतकाल को फिर से जाग्रत करने के पक्ष में हैं। आपको बार-बार कहना पड़ता है कि आप भूतकाल के उपासक नहीं हैं। मानव-जाति ने गलत रास्ते जितनी प्रगति की उतना रास्ता पीछे चलकर सच्चे रास्ते पर लगने के बाद आप फिर नीतिनिष्ठ, आत्मनिष्ठ रास्ते से नई ही प्रगति करना चाहते हैं। तो:

"आपका जीवन-कार्य करीब-करीब समाप्त होने आया है। भारत का स्वराज्य स्थापित होने की तैयारी में है। ऐसे समय पर आप फिर से अपने जीवन भर के अनुभव और चिंतन की बुनियाद पर ऐसी एक नयी ही किताब क्यों नहीं

लिखते, जिसमें भविष्य की एक हजार साल की महामानव संस्कृति का बीज दुनिया को मिले?'' वे अपने कार्य में इतने व्यस्त थे और बिगड़ता हुआ मामला सुधारने की प्राणपण से चेष्टा करने के लिए इतने चिंतित थे कि मेरी सूचना या प्रार्थना सुनने की भी उनकी तैयारी नहीं थी।

अब जब गांधी जी का दुनियवी जीवन पूरा हो चुका है और उनके लेखों का, भाषणों का, पत्रों का और मुलाकातों का अशेष संग्रह तैयार हो रहा है, तब आदर्श-संस्कृति के बारे में और उसे स्थापित करने के बारे में गांधी जी के विचार इकट्ठा करके ऐसा एक प्रभावशाली चित्र किसी अधिकारी व्यक्ति को तैयार करना चाहिये, जिसे हम 'हिन्द स्वराज्य' की परिणत आवृत्ति नहीं कहेंगे; उसे तो स्वराज्य-भोगी भारत का विश्वकार्य या ऐसा ही कुछ कहना होगा।

जो हो, ऐसी एक किताब की बहुत ही जरूरत है।

इसके मानी यह नहीं कि वह किताब इस 'हिन्द स्वराज्य' का स्थान ले सकेगी। इस अमर का किताब का स्थान तो भारतीय जीवन में हमेशा के लिए रहेगी ही।

1 अगस्त, 1959 ***काका कालेलकर***

नई आवृत्ति की प्रस्तावना

['हिन्द स्वराज्य' की यह जो नई आवृत्ति प्रकाशित होती है, उसके दीबाचे के तौर पर 'आर्यन पाथ' मासिक के 'हिन्द स्वराज्य अंक' की जो समालोचना मैंने 'हरिजन' में अंग्रेजी में लिखी थी, उसका तरजुमा देना यहां नामुनासिब नहीं होगा। यह सही है कि 'हिन्द स्वराज्य' की पहली आवृत्ति में गांधी जी के जो विचार दिखाये गये हैं, उनमें कोई फेरबदल नहीं हुआ है। लेकिन उनका उत्तरोत्तर[1] विकास[2] तो हुआ ही है। मेरे नीचे दिये हुए लेख में उस विकास के बारे में कुछ चर्चा की गई है। उम्मीद है कि उससे गांधीजी के विचारों को ज्यादा साफ समझने में मदद होगी।—म. ह. दे.]

महत्व का प्रकाशन

'आर्यन पाथ' मासिक ने अभी-अभी 'हिन्द स्वराज्य अंक' प्रकाशित किया है। जिस तरफ ऐसा अंक[3] निकालने का विचार अनोखा है, उसी तरह उसका रूप-रंग भी बढ़िया है। इसका प्रकाशन श्रीमती सोफिया वाड़िया के भक्तिभाव-भरे श्रम का आभारी है। उन्होंने 'हिन्द स्वराज्य' की नकलें परदेश में अपने अनेक मित्रों को भेजी थीं और उनमें जो मुख्य थे उन्हें उस पुस्तक के बारे में अपने विचार लिख भेजने के लिए कहा था। खुद श्रीमती वाड़ियाने तो उस पुस्तक के बारे में लेख लिखे ही थे और ये विचार जाहिर किये थे कि उसमें भारतवर्ष के उजले भविष्य की आशा रही है। लेकिन उस पुस्तकों में यूरोप की अंधाधुंधी को भी मिटाने की शक्ति है, ऐसा यूरोप के विचारकों और लेखक-लेखिकाओं से उन्हें कहलाना था। इसलिए उन्होंने यह योजना[4] निकाली। उसका नतीजा अच्छा आया है। इस खास अंक में अध्यापक सॉडी, कोल, डिलाइलबर्न्स, मिडलटन मरी बेरेसफर्ड, ह्यू फॉसेट, क्लॉड हूटन, ज़िराल्ड हर्ड, कुमारी रैथबोन वगैरा अनेक नामी लेखक-लेखिकाओं के लेख छपे हैं। उनमें से कुछ तो शांतिवादी और समाजवादी के तौर पर मशहूर हैं। लेकिन जिनके विचार शांतिवाद और

1. लगातार। 2. खिलना। 3. नंबर। 4. तरकीब।

समाजवाद के खिलाफ हैं, ऐसे लोगों के लेख भी इस अंक में आये होते तो अंक कैसा होता! जो लेख दिये गये हैं उनकी व्यवस्था इस तरह की गई हैं कि 'शुरू के लेखों में जो आलोचनायें और उज्र आये हैं, उनमें से बहुतों के जवाब बाद के लेखों में आ जाते हैं।' लेकिन दो-एक टीकायें लगभग सब लेखकों ने की हैं, इसलिए पहले उनका विचार करना ठीक होगा। कुछ बातें ऐसी कही गई हैं, जिन्हें तुरन्त स्वीकार कर लेना चाहिये। अध्यापक सॉडी ने लिखा है कि वे हाल में ही हिन्दुस्तान आये थे और यहाँ उन्होंने ऐसा कुछ भी नहीं देखा जिसे ऊपर-ऊपर से देखने पर ऐसा लगे कि 'हिन्द स्वराज्य' में बताये हुए सिद्धान्तों[1] को कुछ ज्यादा सफलता मिली है। यह बिलकुल सच बात है। ऐसी ही सही बात मि. कोल ने कही है कि गांधी जी की 'सिर्फ अकेले की बात सोचनी हो तो वे ऐसे स्वराज्य के नजदीक इनसान जितना पहुँच सकता है उतना पहुँच ही चुके हैं। लेकिन उसके अलावा एक और सवाल रहता है; वह यह कि इनसान-इनसान के बीच जो खाई है, खुद अकेले अमुक आचरण करना और दूसरों को उनकी बुद्धि के मुताबिक आचरण करने में मदद करना—इन दोनों के बीच जो अंतर है उसे कैसे पाटा जाय? इस दूसरी चीज के लिए तो औरों के साथ रहकर, उनमें से एक बनकर, उनके साथ तादात्मय—एकता साधकर मनुष्य को आचरण करना पड़ता है; एक ही समय में अपना असली रूप और दूसरे का धारण किया हुआ रूप यानी व्यक्तित्व (जिसे खुद जाँच सके, जिसकी टीका-टिप्पणी कर सके और जिसकी कीमत आंक सके), ऐसे दो तरह के बरताव रखने पड़ते हैं। गांधी जी ने अपने आचरण की साधना को आखिरी हद तक पहुँचाया ज़रूर है, लेकिन इस दूसरे सवाल को, खुद को संतोष हो इस तरह, वे हल नहीं कर पाये हैं।' फिर जॉन मिडलटन मरी कहते हैं वह भी सही है कि 'अहिंसा को अगर सिर्फ राजनीतिक'[2] दबाव के एक साधन के तौर पर इस्तेमाल किया जाय, तो उसकी शक्ति जल्दी खतम होती है।' और फिर सवाल यह उठता है कि 'ऐसी अहिंसा को क्या सच्ची अहिंसा कहा जा सकता है?'

लेकिन यह सारी क्रिया लगातार विकास की क्रिया है। उस साध्य[3] की सिद्धि के लिए कोशिश करते-करते मनुष्य साधन[4] की संपूर्णता के लिए भी कोशिश करता रहता है। सैकड़ों बरस पहले बुद्ध और ईसा मसीह ने अहिंसा और प्रेम के सिद्धान्त का उपदेश किया था। इन सैकड़ों बरसों में इक्के-दुक्के व्यक्तियों ने छोटे-छोटे और सीमित प्रश्नों में उसका प्रयोग किया है। गांधी जी के बारे में एक बात स्वीकार हो चुकी है, जिसका जिक्र करते हुए इस लेख-संग्रह[5] में ज़िराल्ड हर्डने कहा है कि 'गांधी जी के प्रयोग में सारे जगत को दिलचस्पी है, और उसका महत्व[6] युगों तक कायम रहेगा। इसका कारण यह है

1. उसूलों। 2. सियासी। 3. मकसद। 4. जरिया। 5. मजमुआ। 6. अहमियत।

कि उन्होंने समूह को लेकर या राष्ट्रीय पैमाने पर उसका प्रयोग करने की कोशिश की है।' उस प्रयोग की कठिनाइयाँ तो साफ हैं, लेकिन गांधी जी को भरोसा है कि इन मुसीबतों को पार करना नामुमकिन नहीं है। हिन्दुस्तान में 1921 में वह प्रयोग नामुमकिन मालूम हुआ और उसे छोड़ देना पड़ा। लेकिन जो बात उस समय नामुमकिन थी, वह 1930 में मुमकिन हुई। अब भी बहुत बार यह सवाल उठता है कि 'अहिंसक साधन का अर्थ क्या है?' उस शब्द का सबको मंजूर हो ऐसा अर्थ और उसकी मर्यादा[1] तय करने और उसे चालू करने से पहले अहिंसा का लंबे अरसे तक प्रयोग और आचरण का अर्थ क्या है?' उस शब्द का सबको मंजूर हो ऐसा अर्थ और उसकी मर्यादा[2] करने की ज़रूरत है। पश्चिम के विचारक अकसर भूल जाते हैं कि अहिंसा के आचरण[2] में सबसे ज़रूरी और न टाली जा सकनेवाली चीज प्रेम है; और शुद्ध निःस्वार्थ प्रेम मन की और शरीर की बेदाग– निष्कलंक शुद्धि के बिना संभव नहीं है और प्राप्त नहीं किया जा सकता।

'हिन्द स्वराज्य' की प्रशंसाभरी समालोचना में सब लेखकों ने एक बात का जिक्र किया है: वह है गांधीजी का यंत्रों के बारे में विरोध।

समालोचक इस विरोध को नामुनासिब और अकारण[3] मानते हैं। मिडलटन मरी कहते हैं: 'गांधी जी अपने विचारों के जोश में यह भूल जाते हैं कि जो चरखा उन्हें बहुत प्यारा है, वह भी एक यंत्र ही है और कुदरत की नहीं लेकिन इनसान की बनायी हुई एक अकुदरती–कृत्रिम चीज है। उनके उसूल के मुताबिक तो उसका भी नाश करना होगा।' डिलाइल बर्न्स कहते हैं: 'यह तो बुनियादी विचार-दोष है। उसमें छिपे रूप से यह बात सूचित की गई है कि जिस किसी चीज का बुरा उपयोग हो सकता है, उसे हमें नैतिक दृष्टि से हीन मानना चाहिये। लेकिन चरखा भी तो एक यंत्र ही है। और नाक पर लगाया हुआ चश्मा भी आँख की मदद करने को लगाया हुआ यंत्र ही है। हल भी यंत्र है। और पानी खींचने के पुराने से पुराने यंत्र भी शायद मानव-जीवन को सुधारने की मनुष्य की हजारों बरस की लगातार कोशिश के आखिरी फल होंगे।..... किसी भी यंत्र का बुरा उपयोग होने की संभावना रहती है। लेकिन अगर ऐसा हो तो उसमें रही हुई नैतिक हीनता यंत्र की नहीं, लेकिन उसका उपयोग करने वाले मनुष्य की है।'

मुझे इतना तो कबूल करना चाहिये कि गांधीजी ने 'अपने विचारों के जोश में' यंत्रों के बारे में अनगढ़ भाषा इस्तेमाल की है और आज अगर वे इस पुस्तक को फिर से सुधारने बैठें तो उस भाषा को वे खुद बदल देंगे। क्योंकि मुझे यकीन है कि मैंने ऊपर समालोचकों के जो कथन दिये हैं उनका गांधीजी स्वीकार करेंगे; और जो नैतिक गुण यंत्र का इस्तेमाल करने वाले में रहे हैं, उन गुणों को उन्होंने यंत्र के गुण कभी नहीं माना। मिसाल के तौर पर 1924 में उन्होंने जो

1. हद। 2. अमल। 3. बिलावजह

भाषा इस्तेमाल की थी वह ऊपर दिये हुए दो कथनों की याद दिलाती है। उस साल दिल्ली में गांधीजी का एक भाई के साथ जो संवाद[1] हुआ था, वह मैं नीचे देता हूँ:

'क्या आप तमाम यंत्रों के खिलाफ हैं?' रामचन्द्रन् ने सरल भाव से पूछा।

गांधीजी ने मुस्कुराते हुए कहा: 'वैसा मैं कैसे हो सकता हूँ, जब मैं जानता हूँ कि यह शरीर भी एक बहुत नाजुक यंत्र ही है? खुद चरखा भी एक यंत्र ही है, छोटी दाँत-कुरेदनी[2] भी यंत्र है। मेरा विरोध यंत्रों के लिए नहीं है, बल्कि यंत्रों के पीछे जो पागलपन चल रहा है, उसके लिए है। आज तो जिन्हें मेहनत बचानेवाले यंत्र कहते हैं, उनके पीछे लोग पागल हो गये हैं। उनसे मेहनत ज़रूर बचती है, लेकिन लाखों लोग बेकार होकर भूखों मरते हुए रास्तों पर भटकते हैं। समय और श्रम की बचत तो मैं भी चाहता हूँ, परन्तु वह किसी ख़ास वर्ग की नहीं, बल्कि सारी मानव-जाति की होनी चाहिये। कुछ गिने-गिनाये लोगों के पास संपत्ति जमा हो ऐसा नहीं, बल्कि सबके पास जमा हो ऐसा मैं चाहता हूँ। आज तो करोड़ों की गरदन पर कुछ लोगों के सवार हो जाने में यंत्र मददगार हो रहे हैं। यंत्रों के उपयोग के पीछे जो प्रेरक कारण है वह श्रम की बचत नहीं है, बल्कि धन का लोभ है। आज की इस चालू अर्थ-व्यवस्था के खिलाफ मैं अपनी तमाम ताकत लगाकर युद्ध चला रहा हूँ।'

रामचन्द्रन् ने आतुरता से पूछा: 'तब तो, बापूजी, आपका झगड़ा यंत्रों के खिलाफ़ नहीं, बल्कि आज यंत्रों का जो बुरा उपयोग हो रहा है उसके खिलाफ़ है?'

'जरा भी आनाकानी किये बिना मैं कहता हूँ कि 'हां'। लेकिन मैं इतना जोड़ना चाहता हूँ कि सबसे पहले यंत्रों की खोज और विज्ञान लोभ के साधन नहीं रहने चाहिये। फिर मजदूरों से उनकी ताक़त से ज़्यादा काम नहीं लिया जायगा, और यंत्र रुकावट बनने के बजाय मददगार हो जायेंगे। मेरा उद्देश्य[3] तमाम यंत्रों का नाश करने का नहीं है, बल्कि उनकी हद बांधने का है।'

रामचन्द्रन् ने कहा: 'इस दलील को आगे बढ़ायें तो उसका मतलब यह होता है कि भौतिक[4] शक्ति से चलनेवाले और भारी पेचीदा तमाम यंत्रों का त्याग करना चाहिए।'

गांधी जी ने मंजूर करते हुए कहा: 'त्याग करना भी पड़े। लेकिन एक बात मैं साफ करना चाहूँगा। हम जो कुछ करें उसमें मुख्य विचार इनसान के भले का होना चाहिये। ऐसे यंत्र नहीं होनी चाहिये जो काम न रहने के कारण आदमी के अंगों को जड़ और बेकार बना दें। इसलिए यंत्रों को मुझे परखना होगा। जैसे, सिंगर की सीने मशीन का मैं स्वागत करूंगा। आज की सब खोजों में जो बहुत

1. बातचीत। 2. खरका। 3. मकसद। 4. दुनियवी।

काम की थोड़ी खोजें हैं, उनमें से एक यह सीने की मशीन हैं उसकी खोज के पीछे अद्‌भुत इतिहास है। सिंगर ने अपनी पत्नी को सीने और बखिया लगाने का उकतानेवाला काम करते देखा। पत्नी के प्रति रहे उसके प्रेम ने गैर-ज़रूरी मेहनत से उसे बचाने के लिए सिंगर को ऐसी मशीन बनाने की प्रेरणा की। ऐसी खोज करके उसने न सिर्फ अपनी पत्नी का ही श्रम बचाया, बल्कि जो भी ऐसी सीने की मशीन खरीद सकते हैं उन सबको हाथ से सीने के उबाने वाले श्रम से छुड़ाया है।'

रामचन्द्रन् ने कहा : 'लेकिन सिंगर की सीने की मशीनें बनाने के लिए तो बड़ा कारखाना चाहिये और उसमें भौतिक शक्ति से चलने वाले यंत्रों का उपयोग करना ही पड़ेगा।'

रामचन्द्रन् के इस विरोध में सिर्फ ज्यादा जानने की इच्छा ही थी। गांधीजी ने मुस्कराते हुए कहा: 'हां, लेकिन मैं इतना कहने की हद तक समाजवादी तो हूँ ही कि ऐसे कारखानों का मालिक राष्ट्र हो या जनता की सरकार की ओर से ऐसे कारखाने चलाये जायें। उनकी हस्ती नफेके लिए नहीं बल्कि लोगों के भले के लिए हो। लोभ की जगह प्रेम को कायम करने का उसका उद्‌देश्य हो। मैं तो यह कहता हूँ कि मज़दूरों की हालत में कुछ सुधार हो। धन के पीछे आज जो पागल दौड़ चल रही है वह रुकनी चाहिये। मज़दूरों को सिर्फ अच्छी रोजी मिले, इतना ही बस नहीं है। उनसे हो सके ऐसा काम उन्हें रोज मिलना चाहिये। ऐसी हालत में यंत्र जितना सरकार को या उसके मालिक को लाभ पहुंचायेगा, उतना ही लाभ उसके चलानेवाले मज़दूरों को पहुँचायेगा। मेरी कल्पना में यंत्रों के बारे में जो कुछ अपवाद हैं, उनमें से एक यह है। सिंगर मशीन के पीछे प्रेम था, इसलिए मानव-सुख का विचार मुख्य[1] था। उस यंत्र का उद्‌देश्य है मानव-श्रम की बचत। उसका इस्तेमाल करने के पीछे मक़सद धन के लोभ का नहीं होना चाहिये, बल्कि प्रामाणिक रीति[2] से दयाका होना चाहिये। मसलन्, टेढ़े तकुबे को सीधा बनानेवाले यंत्र का मैं बहुत स्वागत करूंगा। लेकिन लुहारों का तकुबे बनाने का काम ही खतम हो जाय, यह मेरा उद्‌देश्य नहीं हो सकता। जब तकुबा टेढ़ा हो जाय तब हर एक कातने वाले के पास तकुबा सीधा कर लेने के लिए यंत्र हो, इतना ही मैं चाहता हूँ। इसलिए लोभ की जगह हम प्रेम को दें। तब फिर सब अच्छा ही अच्छा होगा।'

मुझे नहीं लगता कि ऊपर के संवाद में गांधीजी ने जो कहा है, उसके बारे में इन आलोचकों से किसी का सिद्धान्त[3] की दृष्टि से विरोध हो। देह की तरह यंत्र भी, अगर वह आत्मा के विकास में मदद करता हो तो, और जितनी हद तक मदद करता हो उतनी हद तक ही, उपयोगी है।

---

1. प्रमुख। 2. ईमानदारी से। 3. उसूल।

पश्चिम की सभ्यता के बारे में भी ऐसा ही है। 'पश्चिम की सभ्यता मनुष्य की आत्मा की महाशत्रु है'– इस कथन का विरोध करते हुए मि. कोल लिखते हैं : 'मैं कहता हूँ कि स्पेन और एबिसीनिया के भयंकर संहार[1], हमारे सिर पर हमेशा लटकनेवाला भय, सब तरह की रिद्धि-सिद्धि पैदा करने की शक्ति मौजूद होने पर भी करोड़ों का दारिद्रय, ये सब पश्चिमी सभ्यता के दूषण[2] हैं, गंभीर दूषण हैं। लेकिन वे कुदरती नहीं हैं, सभ्यता की जड़ नहीं हैं। . . . .मैं यह नहीं कहता कि हम अपनी इस सभ्यता को सुधारेंगे; लेकिन वह सुधर ही नहीं सकती, ऐसा मैं नहीं मानता। जो चीज़ें मानव की आत्मा के लिए ज़रूरी हैं, उनके साफ इनकार पर उस सभ्यता की रचना हुई है ऐसा मैं नहीं मानता।' बिलकुल सही बात है। और गांधी जी ने उस सभ्यता के जो दूषण बताये वे कुदरती नहीं थे, बल्कि उस सभ्यता की प्रवृत्तियों में रहे हुए दूषण थे; और इस पुस्तक में गांधीजी का मक़सद भारतीय सभ्यता की प्रवृत्तियां पश्चिम की सभ्यता की प्रवृत्तियों से कितनी भिन्न हैं यही दिखाने का था। पश्चिम की सभ्यता को सुधारना नामुमकिन नहीं है, मि. कोलकी इस बात से गांधीजी पूरी तरह सहमत[3] होंगे; उनको यह भी मंजूर होगा कि पश्चिम को पश्चिम के ढंग का ही स्वराज्य चाहिये; वे आसानी से यह भी स्वीकार करेंगे कि वह स्वराज्य 'गांधी जैसे आत्म-निग्रहवाले[4] पुरुषों के विचार के अनुसार तो होगा, लेकिन वे पुरुष हमारे पश्चिम के ढंग के होंगे; और वह ढंग गांधी या हिन्दुस्तान का नहीं, पश्चिम का अपना निराला ही ढंग होगा।'

सिद्धान्त की मर्यादा

अध्यापक कोलने नीचे की उलझन सामने रखी है:

'जब जर्मन और इटालियन विमानी स्पेन की प्रजा का संहार कर रहे हों, जब जापान के विमानी चीन के शहरों में हजारों लोगों को कत्ल कर रहे हों, जब जर्मन सेनाएँ आस्ट्रिया में घुस चुकी हों और चेकोस्लोवाकिया में घुस जाने की धमकियाँ दे रही हों, जब एबिसीनिया पर बम बरसाकर उसे जीत लिया गया हो, तब आज के ऐसे समय में क्या यह (अहिंसा का) सिद्धान्त टिक सकेगा? दो-एक बरस पहले मैं तमाम संजोगों में युद्ध का और मृत्युकारी हिंसा का विरोध करता था। लेकिन आज, युद्ध के बारे में मेरे दिल में नापसन्दगी और नफ़रत हो पर भी, इन कत्लेआमों– हत्याकांडों को रोकने के लिए मैं युद्ध का खतरा ज़रूर उठाऊंगा।'

---

1. कत्ल। 2. खराबियाँ। 3. हमराय। 4. खुद पर काबू रखने वाले।

उनके मन में एक-दूसरे के विरोधी ये विचार कैसा सख्त संघर्ष मचा रहे हैं, यह नीचे की सतरों से जाहिर होता है। वे कहते हैं:

'मैं युद्ध का खतरा ज़रूर उठाऊंगा, परन्तु अभी भी मेरा वह दूसरा व्यक्तित्व[1] इनसान की हत्या करने के विचार से घबराकर, चोट खाकर पीछे हटता है। मैं खुद तो दूसरे की जान लेने की बजाय अपनी जान देना ज़्यादा पसन्द करूंगा। लेकिन अमुक संजोगों में खुद मर-मिटने के बजाय दूसरे की जान लेने की कोशिश करना क्या मेरा फ़र्ज नहीं होगा? गांधी शायद जवाब देंगे कि जिसने व्यक्तिगत[2] स्वराज्य पाया है, उसके सामने ऐसा धर्मसंकट[3] पैदा ही नहीं होगा। ऐसा व्यक्तिगत स्वराज्य मैंने पाया है, यह मेरा दावा नहीं है। लेकिन ख़याल कीजिये कि मैंने ऐसा स्वराज्य पा लिया है, तो भी उससे पश्चिम यूरोप में आज के समय मेरे लिए यह सवाल कुछ कम ज़ोरदार हो जायेगा ऐसा मुझे विश्वास नहीं होता।'

मि. कोलने जो संजोग बताये हैं, वे मनुष्य की श्रद्धा[4] की कसौटी ज़रूर करते हैं। लेकिन इसका जवाब गांधी जी की अनेक बार दे चुके हैं, हालांकि उन्होंने अपना व्यक्तिगत स्वराज्य पूरी तरह पाया नहीं है; क्योंकि जब तक दूसरे देशबन्धुओं ने स्वराज्य नहीं पाया है, तब तक वे अपने पाये हुए स्वराज्य को अधूरा ही मानते हैं। लेकिन वे श्रद्धा के साथ जीते हैं और अहिंसा के बारे में उनकी जो श्रद्धा है वह इटली या जापान के किये हुए कत्लेआमों की बात सुनते ही डगमगाने नहीं लगती। क्योंकि हिंसा में से हिंसा के ही नतीजे पैदा होते हैं; और एक बार उस रास्ते पर जा पहुँचे कि फिर उसका कोई अन्त ही नहीं आता। 'चीन का पक्ष लेकर आपको लड़ना चाहिये' ऐसा कहनेवाले एक चीनी मित्र को जवाब देते हुए 'वार रेज़िस्टर' नामक पत्र में फिलिप ममफर्ड ने लिखा है:

'आपकी शत्रु तो जापान की सरकार है; जापान के किसान और सैनिक आपक दुश्मन नहीं है। उन अभागे और अनपढ़ लोगों को तो मालूम भी नहीं कि उन्हें क्यों लड़ने का हुक्म किया जाता है। फिर भी, अगर आप अपने देश के बचाव के लिए मौजूदा लश्करी तरीकों का उपयोग करेंगे, तो आपको इन बेकसूर लोगों को ही– जो आपके सच्चे दुश्मन नहीं हैं–मारना पड़ेगा। अहिंसा की जो रीति गांधीजी ने हिन्दुस्तान में आजमाई, उसी के ज़रिये अगर चीन अपनी रक्षा करने की कोशिश करेगा और गांधी जी की वह रीति चीन के महान धर्म-गुरुओं के उपदेश से बहुत ज्यादा मेल खाती है तो मैं बेधड़क कहूँगा कि यूरोप के शस्त्रयुद्ध की रीति की नकल करने के बजाय इस अहिंसा की रीति से उसे बहुत ज़्यादा सफलता मिलेगी।.... चीन की जनता, जो जगत की सबसे ज्यादा शांतिप्रिय प्रजा है, जगत की किसी भी लड़ाकू प्रजा के बनिस्बत ज़्यादा लंबे अरसे तक

1. शख़्सियत। 2. अपना। 3. पशोपेश, दुविधा 4. अक़ीदा।

अपने को और अपनी संस्कृति को कायम रख सकी है, यह हक़ीकत ही मानव-जाति के लिए एक सबक़ है। जो शूरवीर चीनी अपने देश के बचाव के लिए लड़ रहे हैं, उनके लिए हमें आदर नहीं है ऐसा आप न मानें। हम उनके त्याग और बलिदान की भारी कदर करते हैं और समझते हैं कि वे हमसे भिन्न सिद्धान्तों को माननेवाले हैं। फिर भी हम तो मानते हैं कि हिंसा सब संजोगों में बुरी है और उसमें से अच्छे फल निकलना असंभव है। अहिंसा का पालन आपको तमाम दुखों से उबार तो नहीं लेगा, लेकिन मैं मानता हूँ कि आपके सब शस्त्र-अस्त्रों और लश्करों के बनिस्बत अहिंसा एक अरसे के बाद आपके भावी विजेता के खिलाफ़ ज़्यादा असरकारक साबित होगी; और सबसे ज़्यादा महत्व[1] की बात तो यह है कि इससे आपकी प्रजा के आदर्श जीवित रहेंगे।'

कुमारी रैथबोनने ऐसी ही एक समस्या[2] रखी है। वे लिख़ती हैं: 'जालिम के सामने सिर झुकाकर और अपनी अंदर की आवाज़ के विरुद्ध चलकर अगर छोटे मुलायम बच्चों और बच्चियों को बचाया जा सकता हो, तो इस दुनिया में ऐसा कौन आदमी सामान्य या संतपुरुष है, जो उनकी हत्या होने देगा? गांधी इस सवाल का जवाब नहीं देते उन्होंने यह सवाल उठाया तक नहीं है।... इस बारे में ईसा मसीह का कहना ज़्यादा स्पष्ट[3] है। ... उनके शब्द ये हैं: मुझ पर श्रद्धा रखनेवाले इन नन्हे मुन्नों के खिलाफ जो कोई हाथ उठाये, उसके गले में चक्की का पाट लटकाकर उसे समुद्र के पानी में डुबो दिया जाता। .... यों हमें इस बारे में गांधी जी के बनिस्बत ईसा मसीह की ओर से ज़्यादा मदद मिलती है....।'

मुझे लगता है, ईसा मसीह के वचन सिर्फ उनका पुण्य-प्रकोप[4]' प्रकट करते हैं, और उन्होंने जो क़दम उठाने की बता कही है, वह गुनहगारों को कोई और आदमी सजा करे इसलिए नहीं, बल्कि गुनहगार खुद अपने को प्रायश्चित्त[5] के तौर पर सजा दे इसलिए है। और क्या कुमारी रैथबोन को पक्का यकीन है कि जिसे वे ईसा का उपाय मानती हैं, उसे आजमाकर वे बालकों को मौत से बचा सकेंगी? गांधीजी ने यह सवाल उठाया ही नहीं है, ऐसा उनका मानना सही नहीं है। उन्होंने यह सवाल उठाया है और उसका साफ़-साफ़ जवाब भी दिया है; जैसे 1300 बरस पहले उन अमर मुस्लिम शहीदों ने भी यह सवाल उठाया था और अपने काम से उसका जवाब दिया था। जालिम के सामने झुकने और अपनी अंतर-आत्मा को धोखा देने के बजाय अपने बीबी-बच्चों को भूखे-प्यासे तड़पते हुए मरने देना ही उन्होंने ज्यादा पसन्द किया था; क्योंकि जालिम के सामने झुकने और अपनी अंतर-आत्मा को धोखा देने का परिणाम यही होता है कि जालिम को नये-नये जुल्म गुजारने का बढ़ावा मिलता है।।

लेकिन कुमारी रैथबोनने भी 'हिन्द स्वराज्य' को 'बहुत भारी असरकारक

---

1. अहम। 2. मसला, पहेली। 3. साफ़। 4. पाक़ गुस्सा। 5. कुफ़्फ़ारा।

पुस्तक' कहा है और लिखा है कि 'उसे पढ़कर, उसमें रही भारी प्रामणिकता को देखकर अपनी प्रामाणिकता[1] की जाँच करना मेरे लिए ज़रूरी हो गया है। लोगों से मेरी बिनती है कि वे इस पुस्तक को ज़रूर पढ़ें।''

'आर्यन पाथ' मासिक के संपादकों ने यह 'हिन्द स्वराज्य अंक' निकालकर शांति और अहिंसा के कार्य की निर्विवाद[2] सेवा की है, ऐसा हमें कहना होगा।

(अंग्रेजी के गुजराती अनुवाद पर से)

महादेव हरिभाई देसाई

उपोद्‌घात

लॉर्ड लोधियन जब सेवाग्राम आये थे तब उन्होंने मुझसे 'हिन्द स्वराज्य' की नकल मांगी थी। उन्होंने कहा था : 'गांधी जी आजकल जो कुछ भी कह रहे हैं वह इस छोटी-सी किताब में बीज के रूप में है, और गांधी जी को ठीक से समझने के लिए यह किताब बार-बार पढ़नी चाहिये।'

अचरज की बात यह है कि उसी अरसे में श्रीमती सोफिया वाड़ियाने 'हिन्द स्वराज्य' के बारे में एक लेख लिखा था, जिसमें उन्होंने हमारे सब मंत्रियों से, धारासभा के सदस्यों से, गोरे और भारतीय सिविलियनों से, इतना ही नहीं, आज के लोग-शासन के अहिंसक प्रयोग की सफलता चाहने वाले हर एक नागरिक से यह किताब बार-बार पढ़ने की सिफारिश की थी। उन्होंने लिखा था : 'अहिंसक आदमी अपने ही घर में तानाशाही कैसे चला सकता है? वह शराब कैसे बेच सकता है? अगर वह वकील हो तो अपने मुवक्किल को अदालत में जाकर लड़ने की सलाह कैसे दे सकता है? इन सारे सवालों का जवाब देते समय बहुत ही महत्व के राजनीतिक सवालों का विचार करना ज़रूरी हो जाता है। 'हिन्द स्वराज्य' में इन प्रश्नों की सिद्धान्त की दृष्टि से चर्चा की गई है। इसलिए वह पुस्तक लोगों में ज़्यादा पढ़ी जानी चाहिये और उसमें जो कहा गया है उसके बारे में लोकमत तैयार करना चाहिये।'

श्रीमती वाड़िया की विनती ठीक वक्त पर की गई है। 1909 में गांधीजी ने विलायत से लौटते हुए जहाज पर यह पुस्तक लिखी थी। हिंसक साधनों में विश्वास रखनेवाले कुछ भारतीयों के साथ जो चर्चाएँ हुई थीं, उन पर से उन्होंने मूल पुस्तक गुजराती में लिखी थी और 'इण्डियन ओपीनियन' नामक साप्ताहिक में सिलसिलेवार लेखों में उसे प्रगट किया गया था। बाद में उसे पुस्तक के रूप में प्रगट किया गया और बम्बई सरकारने उसे ज़ब्त किया। गांधी जी ने मि. कैलनबैकके लिए उस किताब का अंग्रेजी में जो अनुवाद किया था, उसे बम्बई

1. ईमानदारी। 2. ख़सूसन्, बेशक।

सरकार के हुक्म के जवाब के रूप में प्रकाशित किया गया। गोखले जी 1912 में जब दक्षिण अफ्रीका गये तब उन्होंने वह अनुवाद देखा। उन्हें उसका मजमून इतना अनगढ़ लगा और उसके विचार ऐसे जल्दबाज़ी में बने हुए लगे कि उन्होंने भविष्यवाणी की कि गांधीजी एक साल भारत में रहने के बाद खुद ही उस पुस्तक का नाश कर देंगे। गोखले जी की वह भविष्यवाणी सच नहीं निकली। 1921 में गांधीजी ने उस पुस्तक के बारे में लिखते हुए कहा था:

'वह द्वेषधर्म की जगह प्रेमधर्म सिखाती है; हिंसा की जगह आत्मबलिदान को रखती है; पशुबल से टक्कर लेने के लिए आत्मबल को खड़ा करती है। उसमें से मैंने सिर्फ एक ही शब्द और वह एक महिला मित्र की इच्छा को मान कर रद किया है। उसे छोड़कर कुछ भी फेरबदल नहीं किया है। इस किताब में आधुनिक[1] सभ्यता की सख्त टीकी की गई है। यह 1909 में लिखी गई थी। इसमें मैंने जो मान्यता प्रगट की है, वह आज पहले से ज्यादा मजबूत बनी है।. .. लेकिन मैं पाठकों को एक चेतावनी देना चाहता हूँ। वे ऐसा न मान लें कि इस किताब में जिस स्वराज्य की तसवीर मैंने खड़ी की है, वैसा स्वराज्य कायम करने के लिए आज मेरी कोशिशें चल रही हैं, मैं जानता हूँ कि अभी हिन्दुस्तान उसके लिए तैयार नहीं है। ऐसा कहने में शायद ढिठाई भास हो, लेकिन मुझे तो पक्का विश्वास है। उसमें जिस स्वराज्य की तसवीर की मैंने खींची है, वैसा स्वराज्य पाने की मेरी निजी कोशिश ज़रूर चल रही है। लेकिन इसमें कोई शक नहीं कि आज की मेरी सामूहिक[2] प्रवृत्ति का ध्येय तो हिन्दुस्तान की प्रजा की इच्छा के मुताबिक पार्लियामेन्टरी ढंग का स्वराज्य पाना है।' 1938 में भी गांधी जी को कुछ जगहों पर भाषा बदलने के सिवा और कुछ फेरबदल करने जैसा नहीं लगा। इसलिए यह किताब किसी भी प्रकार की काट-छांट के बिना मूल रूप में ही फिर से प्रकाशित की जाती है।

लेकिन इसमें बताये हुए स्वराज्य के लिए हिन्दुस्तान तैयार हो या न हो, हिन्दुस्तानियों के लिए यही उत्तम[3] है कि वे इस बीजरूप ग्रंथ का अध्ययन करें। सत्य और अहिंसा के सिद्धान्तों के स्वीकार से अंत में क्या नतीजा आयेगा, उसकी तसवीर इसमें है। इसे पढ़कर उन सिद्धान्तों को स्वीकार करना चाहिये या उनका त्याग, यह तो पाठक ही तय करें।

वर्धा, 2-2-1938

महादेव हरिभाई देसाई

(अंग्रेजी के गुजराती अनुवाद पर से)

---

1. आज की। 2. आम। 3. सबसे अच्छा।

सन्देश*

जिन सिद्धान्तों के समर्थन[1] के लिए 'हिन्द स्वराज्य' लिखी गयी थी, उन सिद्धान्तों की आप जाहिरात करना चाहती हैं, यह मुझे अच्छा लगता है। मूल पुस्तक गुजराती में लिखी गई थी; अंग्रेजी आवृत्ति[2] गुजराती का तरजुमा है। यह पुस्तक अगर आज मुझे फिर से लिखनी हो, तो कहीं-कहीं मैं उसकी भाषा बदलूँगा। लेकिन इसे लिखने के बाद जो तीस साल मैंने अनेक आंधियों में बिताये हैं, उनमें मुझे इस पुस्तक में बताये हुए विचारों में फेरबदल करने का कुछ भी कारण नहीं मिला। पाठक इतना ख़याल में रखें कि कुछ कार्यकर्ताओं के साथ, जिनमें एक कट्टर अराजकतावादी[3] थे, मेरी जितनी बातें हुई थी, वे जैसी की तैसी मैंने इस पुस्तक में दे दी हैं। पाठक इतना भी जान लें कि दक्षिण अफ्रीका के हिन्दुस्तानियों में जो सड़न दाखिल होने वाली ही थीं, उसे इस पुस्तक ने रोका था। इसके विरुद्ध दूसरे पल्ले में रखने के लिए पाठक मेरे एक स्वर्गीय मित्र की यह राय भी जान लें कि 'यह एक मूर्ख आदमी की रचना है।'

सेवाग्राम, 14.7.1938

मोहनदास करमचंद गांधी

(अंग्रेजी के गुजराती अनुवाद पर से)

---

*अंग्रेजी मासिक 'आर्यन पाथ' के सितम्बर, 1938 में प्रगट हुए 'हिन्द स्वराज्य अंक' के लिए भेजा हुआ संदेश।

1. ताईद। 2. एडिशन। 3. एनार्किस्ट

'हिन्द स्वराज्य' के बारे में

मेरी इस छोटी-सी किताब की ओर विशाल जनसंख्या का ध्यान खिंच रहा है, यह सचमुच ही मेरा सौभाग्य है।यह मूल तो गुजराती में लिखी गई है। इसका जीवन-क्रम अजीब है। यह पहले-पहल दक्षिण अफ्रीका में छपने वाले साप्ताहिक 'इण्डियन ओपीनियन' में प्रगट हुई थी। 1909 में लन्दन से दक्षिण अफ्रीका लौटते हुए जहाज पर हिन्दुस्तानियों के हिंसावादी पंथ को और उसी विचारधारा वाले दक्षिण अफ्रीका के एक वर्ग को दिये गये जवाब के रूप में यह लिखी गई थी। लन्दन में रहने वाले हर एक नामी अराजकतावादी हिन्दुस्तानी के संपर्क मैं आया था। उनकी शूरवीरता[1] का असर मेरे मन पर पड़ा था, लेकिन मुझे लगा कि उनको जोश ने उलटी राह पकड़ ली है। मुझे लगा कि हिंसा हिन्दुस्तान के दुखों का इलाज नहीं है, और उसकी संस्कृति[2] को देखते हुए उसे आत्मरक्षा[3] के लिए कोई अलग और ऊंचे प्रकार का शस्त्र काम में लाना चाहिये। दक्षिण अफ्रीका का सत्याग्रह उस वक्त मुश्किल से दो साल का बच्चा था। लेकिन उसका विकास इतना हो चुका था कि उसके बारे में कुछ हद तक आत्म-विश्वास से लिखने की मैंने हिम्मत की थी। मेरी वह लेखमाला पाठक-वर्ग को इतनी पसन्द आयी कि वह किताब के रूप में प्रकाशित की गई। हिन्दुस्तानी में उसकी ओर लोगों का कुछ ध्यान गया। बम्बई सरकार ने उसके प्रचार की मनाही कर दी। उसका जवाब मैंने किताब का अंग्रेजी अनुवाद प्रकाशित करके दिया। मुझे लगा कि अपने अंग्रेज मित्रों को इस किताब के विचारों से वाकिफ करना उनके प्रति[4] मेरा फ़र्ज है।

मेरा राय में यह किताब ऐसी है कि यह बालक के हाथ में भी दी जा सकती है। यह द्वेषधर्म की जगह प्रेमधर्म सिखाती है; हिंसा की जगह आत्मबलिदान को रखती है; पशुबल से टक्कर लेने के लिए आत्मबल को खड़ा करती है। इसकी अनेक आवृत्तियां हो चुका हैं; और जिन्हें इसे पढ़ने की परवाह है उनसे इसे पढ़ने की मैं जरूर सिफ़ारिश करूंगा। इसमें से मैंने सिर्फ एक ही शब्द - और वह एक महिला मित्र की इच्छा को मानकर रद किया है; इसके सिवा और कोई फेरबदल मैंने इसमें नहीं किया है।

इस किताब में 'आधुनिक सभ्यता' की सख्त टीका की गई है। यह 1909 में लिखी गई थी। इसमें मेरी जो मान्यता प्रगट की गई है, वह आज पहले से ज्यादा मजबूत बनी है। मुझे लगता है कि अगर हिन्दुस्तान 'आधुनिक सभ्यता' का त्याग करेगा, तो उससे उसे लाभ ही होगा।

लेकिन मैं पाठकों को एक चेतावनी देना चाहता हूँ। वे ऐसा न मान लें कि

---

1. बहादुरी। 2. तमद्दुन। 3. अपना बचाव। 4. तरफ।

इस किताब में जिस स्वराज्य की तसवीर मैंने खड़ी की है, वैसा स्वराज्य कायम करने के लिए आज मेरी कोशिशें चल रही हैं। मैं जानता हूँ कि अभी हिन्दुस्तान उसके लिए तैयार नहीं है। ऐसा कहने में शायद ढिठाई का भास हो लेकिन मुझे तो पक्का विश्वास है कि इसमें जिस स्वराज्य की तसवीर मैंने खींची है, वैसा स्वराज्य पाने की मेरी निजी कोशिश ज़रूर चल रही है। लेकिन इसमें कोई शक नहीं कि आज मेरी सामूहिक[1] प्रवृत्ति का ध्येय तो हिन्दुस्तान की प्रजा की इच्छा के मुताबिक पार्लियामेन्टरी ढंग का स्वराज्य पाना है। रेलों या अस्पतालों का नाश करने का ध्येय मेरे मन में नहीं है, अगरचे उनका कुदरती नाश हो तो मैं ज़रूर उसका स्वागत करूंगा। रेल या अस्पताल दोनों में से एक भी ऊंची और बिलकुल शुद्ध संस्कृति की सूचक (चिह्न) नहीं है। ज्यादा से ज्यादा इतना ही कह सकते हैं कि यह ऐसी बुराई है, जो टाली नहीं जा सकती। दोनों में से एक भी हमारे राष्ट्र की नैतिक ऊंचाई में एक इंच की भी बढ़ती नहीं करती। उसी तरह मैं अदालत के स्थायी[2] नाश का ध्येय मन में नहीं रखता, हालांकि ऐसी नतीजा आये तो मुझे अवश्य बहुत अच्छा लगेगा। यंत्रों और मिलों के नाश के लिए तो मैं उससे भी कम कोशिश करता हूँ। उसके लिए लोगों की आज जो तैयारी है उससे कहीं ज्यादा सादगी और त्याग की ज़रूरत रहती है।

इस पुस्तक में बताये हुए कार्यक्रम[3] के एक ही हिस्से का आज अमल हो रहा है; वह है अहिंसा। लेकिन मैं अफ़सोस के साथ कबूल करूंगा कि उसका अमल भी इस पुस्तक में दिखाई हुई भावना से नहीं हो रहा है। अगर हो तो हिन्दुस्तान एक ही रोज में स्वराज्य पा जाय। हिन्दुस्तान अगर प्रेम के सिद्धान्त को अपने धर्म के एक सक्रिय[4] अंश के रूप में स्वीकार करे और उसे अपनी राजनीति में शामिल करे, तो स्वराज्य स्वर्ग से हिन्दुस्तान की धरती पर उतरेगा। लेकिन मुझे दुख के साथ इस बात का भान है कि ऐसा होना बहुत दूर की बात है।

ये वाक्य मैं इसलिए लिख रहा हूँ कि आज के आन्दोलन[5] को बदनाम करने के लिए इस पुस्तक में से बहुत-सी बातों का हवाला दिया जाता मैंने देखा है। मैंने इस मतलब के लेख भी देखे हैं कि मैं कोई गहरी चाल चल रहा हूँ, आज की उथल-पुथल से लाभ उठाकर अपने अजीब ख़याल भारत के सिर लादने की कोशिश कर रहा हूँ और हिन्दुस्तान को नुकसान पहुँचाकर अपने धार्मिक प्रयोग कर रहा हूँ। इसका मेरे पास यही जवाब है कि सत्याग्रह ऐसी कोई कच्ची खोखली चीज नहीं है। 'हिन्द स्वराज्य' में बताये हुए संपूर्ण जीवन सिद्धांत के एक भाग को आचरण में लाने की कोशिश हो रही है, इसमें कोई शक नहीं। ऐसा नहीं कि उस समूचे सिद्धान्त का अमल करने में जोखिम है; लेकिन आज देश के सामने जो प्रश्न[6] है उसके साथ जिन हिस्सों का कोई सम्बन्ध नहीं है ऐसे हिस्से मेरे लेखों में से देकर लोगों को भड़काने में न्याय हरगिज नहीं है।

जनवरी, 1921

मोहनदास करमचंद गांधी

('यंग इंडिया' के गुजराती अनुवाद पर से)

---

1. आम। 2. कायमी। 3. प्रोग्राम। 4. अगली। 5. तहरीक। 6. सवाल

प्रस्तावना

इस विषय[1] पर मैंने जो बीस अध्याय[2] लिखे हैं, उन्हें पाठकों के सामने रखने की मैं हिम्मत करता हूँ।

जब मुझसे रहा ही नहीं गया तभी मैंने यह लिखा है। बहुत पढ़ा, बहुत सोचा। विलायत में ट्रान्सवाल डेप्युटेशन के साथ मैं चार माह रहा, उस बीच हो सका उतने हिन्दुस्तानियों के साथ मैंने सोच-विचार किया, हो सका उतने अंग्रेजों से भी मैं मिला। अपने जो विचार मुझे आखिरी मालूम हुए, उन्हें पाठकों के सामने रखना मैंने अपना फ़र्ज समझा।

'इण्डियन ओपीनियन' के गुजराती ग्राहक आठ सौ के करीब हैं। हर ग्राहक पीछे कम से कम दस आदमी दिलचस्पी से यह अखबार पढ़ते हैं, ऐसा मैंने महसूस किया है। जो गुजराती नहीं जानते, वे दूसरों से पढ़वाते हैं। इन भाइयों ने हिन्दुस्तान की हालत के बारे में मुझसे बहुत सवाल किये हैं। ऐसे ही सवाल मुझसे विलायत में किये गये थे। इसलिए मुझे लगा कि जो विचार मैंने यों ख़ानगी में बताये, उन्हें सबके सामने रखना गलत नहीं होगा।

जो विचार यहां रखे गये हैं, वे मेरे हैं और मेरे नहीं भी हैं। वे मेरे हैं, क्योंकि उनके मुताबिक बरतने की मैं उम्मीद रखता हूँ; वे मेरी आत्मा में गढ़े-जड़े हुए जैसे हैं। वे मेरे नहीं हैं, क्योंकि सिर्फ मैंने ही उन्हें सोचा हो सो बात नहीं। कुछ किताबें पढ़ने के बाद वे बने हैं। दिल में भीतर ही भीतर मैं जो महसूस करता था, उसका इन बातों ने समर्थन[3] किया।

यह साबित करने की ज़रूरत नहीं कि जो विचार मैं पाठकों के सामने रखता हूँ, वे हिन्दुस्तान में जिन पर (पश्चिमी) सभ्यता की धुन सवार नहीं हुई है ऐसे बहुतेरे हिन्दुस्तानियों के हैं। लेकिन यही विचार यूरोप के हजारों लोगों के हैं, यह मैं अपने पाठकों के मन में अपने सबूतों से ही जँचाना चाहता हूं। जिसे इसकी खोज करनी हो, जिसे ऐसी फुरसत हो, वह आदमी वे किताबें देख सकता है। अपनी फुरसत से उन किताबों में से कुछ न कुछ पाठकों के सामने रखने की मेरी उम्मीद है।

'इण्डियन ओपीनियन' के पाठकों या औरों के मन में मेरे लेख पढ़कर जो

1. मसला। 2. बाब। 3. ताईद।

विचार आयें, उन्हें अगर वे मुझे बतायेंगे तो मैं उनका आभारी रहूँगा।

उद्देश्य सिर्फ देश की सेवा करने का और सत्य की खोज करने का और उसके मुताबिक बरतने का है। इसलिए अगर मेरे विचार गलत साबित हों, तो उन्हें पकड़ रखने का मेरा आग्रह नहीं है। अगर वे सच साबित हों तो दूसरे लोग भी उनके मुताबिक बरतें, ऐसी देश के भले के लिए साधारण तौर पर मेरी भावना रहेगी।

सुमीते के लिए लेखों को पाठक और संपादक के बीच के संवाद का रूप दिया गया है।

किलडोनन कैसल,
22.11.1909 ***मोहनदास करमचंद गांधी***

अनुक्रमणिका

1.
कांग्रेस और उसके कर्ता-धर्ता

पाठक : आजकल हिंदुस्तान में स्वराज्य की हवा चल रही है। सब हिंदुस्तानी आज़ाद होने के लिए तरस रहे हैं। दक्षिण अफ्रीका में भी वही जोश दिखाई दे रहा है। हिंदुस्तानियों में अपने हक पाने की बड़ी हिम्मत आई हुई मालूम होती है। इस बारे में क्या आप अपने खयाल बतायेंगे?

संपादक : आपने सवाल ठीक पूछा है। लेकिन इसका जवाब देना आसान बात नहीं है। अखबार का एक काम तो है लोगों की भावनायें जानना और उन्हें ज़ाहिर करना; दूसरा काम है लोगों में अमुक ज़रूरी भावनायें पैदा करना; और तीसरा काम है लोगों में दोष हों तो चाहे जितनी मुसीबतें आने पर भी बेधड़क होकर उन्हें दिखाना। आपके सवाल का जवाब देने में ये तीनों काम साथ-साथ आ जाते हैं। लोगों की भावनायें कुछ हद तक बतानी होंगी, न हों तो वैसी भावनायें उनमें पैदा करने की कोशिश करनी होगी और उनके दोषों की निंदा भी करनी होगी। फिर भी आपने सवाल किया है, इसलिए उसका जवाब देना मेरा फ़र्ज मालूम होता है।

पाठक : क्या स्वराज्य की भावना हिन्द में पैदा हुई आप देखते हैं?

संपादक: वह तो जबसे नेशनल कांग्रेस कायम हुई तभी से देखने में आई है। 'नेशनल' शब्द का अर्थ ही वह विचार ज़ाहिर करता है।

पाठक : यह तो आपने ठीक नहीं कहा। नौजवान हिन्दुस्तानी आज कांग्रेस की परवाह ही नहीं करते। वे तो उसे अंग्रेजों का राज्य निभाने का साधन[1] मानते हैं।

संपादक: नौजवानों का ऐसा ख़याल ठीक नहीं है। हिन्द के दादा दादाभाई नौरोजीने ज़मीन तैयार नहीं की होती, तो नौजवान आज जो बातें कर रहे हैं वह भी नहीं कर पाते। मि. ह्यूम ने जो लेख लिखे, जो फटकारें हमें सुनाई, जिस जोश से हमें जगाया, उसे कैसे भुलाया जाय? सर विलियम वेडरबर्न ने कांग्रेस का

---

1. औजार।

मकसद हासिल करने के लिए अपना तन, मन और धन सब दे दिया था। उन्होंने अंग्रेजी राज्य के बारे में जो लेख लिखे हैं, वे आज भी पढ़ने लायक हैं। प्रोफेसर गोखले ने जनता को तैयार करने के लिए, भिखारी के जैसी हालत में रहकर, अपने बीस साल दिये हैं। आज भी वे गरीबी में रहते हैं। मरहूम जस्टिस बदरुद्दीन ने भी कांग्रेस के ज़रिये स्वराज्य का बीज बोया था। यों बंगाल, मद्रास, पंजाब वगैरा में कांग्रेस का और हिंद का भला चाहने वाले कई हिन्दुस्तानी और अंग्रेज लोग हो गये हैं, यह याद रखना चाहिये।

पाठक : ठहरिये, ठहरिये। आप तो बहुत आगे बढ़ गये। मेरा सवाल कुछ है और आप जवाब कुछ और दे रहे हैं। मैं स्वराज्य की बात करता हूँ और आप परराज्य की बात करते हैं। मुझे अंग्रेजों का नाम तक नहीं चाहिये और आप तो अंग्रेजों के नाम देने लगे। इस तरह तो हमारी गाड़ी राह पर आये, ऐसा नहीं दीखता। मुझे तो स्वराज्य की ही बातें अच्छी लगती हैं। दूसरी मीठी सयानी बातों से मुझे संतोष नहीं होगा।

संपादक : आप अधीर हो गये हैं। मैं अधीरपन बरदाश्त नहीं कर सकता। आप जरा सब्र करेंगे तो आपको जो चाहिये वही मिलेगा। 'उतावली से आम नहीं पकते, दाल नहीं चुरती' – यह कहावत याद रखिये। आपने मुझे रोका और आपको हिन्द पर उपकार करने वालों की बात भी सुननी अच्छी नहीं लगती, यह बताता है कि अभी आपके लिए स्वराज्य दूर है। आपके जैसे बहुत से हिन्दुस्तानी हों, तो हम (स्वराज्य से) दूर हट कर पिछड़ जायेंगे। वह बात जरा सोचने लायक है।

पाठक : मुझे तो लगता है कि ये गोल-मोल बातें बनाकर आप मेरे सवाल का जवाब उड़ा देना चाहते हैं। आप जिन्हें हिन्दुस्तान पर उपकार करने वाले मानते हैं, उन्हें मैं ऐसा नहीं मानता; फिर मुझे किसके उपकार की बात सुननी है? आप जिन्हें हिन्द के दादा कहते हैं, उन्होंने क्या उपकार किया? वे तो कहते हैं कि अंग्रेज राजकर्ता न्याय करेंगे और उनसे हमें हिलमिल कर रहना चाहिये।

संपादक : मुझे सविनय[1] आपसे कहना चाहिये कि उस पुरुष के बारे में आपका बेअदबी से यों बोलना हमारे लिए शरम की बात है। उनके कामों की ओर देखिये। उन्होंने अपना जीवन हिन्द को अर्पण[2] कर दिया है। उनसे यह सबक हमने सीखा। हिन्द का खून अंग्रेजों ने चूस लिया है, यह सिखानेवाले माननीय दादाभाई हैं। आज उन्हें अंग्रेजों पर भरोसा है उससे क्या? हम जवानी के जोश में एक कदम आगे रखते हैं, इससे क्या दादाभाई कम पूज्य हो जाते हैं? इसे क्या हम ज्यादा ज्ञानी हो गये? जिस सीढ़ी से हम ऊपर चढ़े उसको लात न मारने में

---

1. अदब से। 2. नज़र। 3. अक्लमंदी।

ही बुद्धिमानी[3] है। अगर वह सीढ़ी निकाल दें तो सारी निसैनी गिर जाय, यह हमें याद रखना चाहिये। हम बचपन से जवानी में आते हैं तब बचपन से नफरत नहीं करते, बल्कि उन दिनों को प्यार से याद करते हैं। बरसों तक अगर मुझे कोई पढ़ाता है और उससे मेरी जानकारी जरा बढ़ जाती है, तो इससे मैं अपने शिक्षक[1] से ज्यादा ज्ञानी नहीं माना जाऊंगा; अपने शिक्षक को तो मुझे मान[2] देना ही पड़ेगा। इसी तरह हिन्द के दादा के बारे में समझना चाहिये। उनके पीछे (सारी) हिन्दुस्तानी जनता है, यह तो हमें कहना ही पड़ेगा।

पाठक : यह आपने ठीक कहा। दादाभाई नौरोजी की इज़्ज़त करना चाहिये, यह तो समझ सकते हैं। उन्होंने और उनके जैसे दूसरे पुरुषों ने जो काम किये हैं, उनके बगैर हम आज का जोश महसूस नहीं कर पाते, यह बात ठीक लगती है। लेकिन यही बात प्रोफेसर गोखले साहब के बारे में हम कैसे मान सकते हैं? वे तो अंग्रेजों के बड़े भाईबंद बन कर बैठे हैं; वे तो कहते हैं कि अंग्रेजों से हमें बहुत कुछ सीखना है। अंग्रेजों की राजनीति से हम वाकिफ़ हो जायं, तभी स्वराज्य की बातचीत की जाय। उन साहब के भाषणों से तो मैं ऊब गया हूँ।

संपादक : आप ऊब गये हैं, यह दिखाता है कि आपका मिज़ाज उतावला है। लेकिन जो नौजवान अपने माँ-बाप के ठंडे मिज़ाज से ऊब जाते हैं और वे (मां-बाप) अगर अपने साथ न दौड़ें तो गुस्सा होते हैं, वे अपने मां-बाप का अनादर[3] करते हैं ऐसा हम समझते हैं। प्रोफेसर गोखले के बारे में भी ऐसा ही समझना चाहिये। क्या हुआ अगर प्रोफेसर गोखले हमारे साथ नहीं दौड़ते हैं? स्वराज्य भुगतने की इच्छा रखने वाली प्रजा अपने बुजुर्गों का तिरस्कार[4] नहीं कर सकती। अगर दूसरे की इज़्ज़त करने की आदत हम खो बैठें, तो हम निकम्मे हो जायेंगे। जो प्रौढ़[5] और तजरबेकार हैं, वे ही स्वराज्य भुगत सकते हैं, न कि बे-लगाम लोग। और देखिये कि जब प्रोफेसर गोखले ने हिंदुस्तान की शिक्षा के लिए त्याग[6] किया तब ऐसे कितने हिंदुस्तानी थे जो कुछ भी करते हैं वह शुद्ध भाव से और हिन्दुस्तान का हित मानकर करते हैं। हिन्द के लिए अगर अपनी जान भी देनी पड़े तो वे दे देंगे, ऐसी हिन्द के लिए उनकी भक्ति है। वे जो कुछ कहते हैं वह किसी की खुशामद करने के लिए नहीं, बल्कि सही मानकर कहते हैं। इसलिए हमारे मन में उनके लिए पूज्य भाव होना चाहिये।

पाठक : तो क्या वे साहब जो कहते हैं उसके मुताबिक हमें भी करना चाहिये?

संपादक : मैं ऐसा कुछ नहीं कहता। अगर हम शुद्ध बुद्धि से अलग राय रखते हैं, तो उस राय के मुताबिक चलने की सलाह खुद प्रोफेसर साहब हमें देंगे। हमारा मुख्य काम तो यह है कि हम उनके कामों की निन्दा न करें; हमसे

---

1. उस्ताद। 2. इज़्ज़त। 3. बेअदबी। 4. बेइज़्ज़ती, नफ़रत। 5. पुख्ता। 6. तालीम। 7. बेअदबीसे।

वे महान हैं ऐसा मानें और यकीन रखें कि उनके मुकाबिले में हमने हिन्द के लिए कुछ भी नहीं किया है। उनके बारे में कुछ अखबार जो अशिष्टतापूर्वक[7] लिखते हैं उसकी हमें निन्दा करनी चाहिये और प्रेफेसर गोखले जैसों को हमें स्वराज्य के स्तंभ[1] मानना चाहिये। उनके ख़याल ग़लत और हमारे ही सही हैं, या हमारे ख़यालों के मुताबिक न बरतने वाले देश के दुश्मन हैं, ऐसा मान लेना बुरी भावना है।

पाठक : आप जो कुछ कहते हैं वह अब मेरी समझ में कुछ आता है। फिर भी मुझे उसके बारे में सोचना होगा। पर मि. ह्यूम में, सर विलियम वेडरबर्न वगैरा के बारे में आपने जो कहा उसमें तो हद हो गई।

संपादक : जो नियम हिन्दुस्तानियों के बारे में हैं, वही अंग्रेजों के बारे में समझना चाहिये। सारे के सारे अंग्रेज बुरे हैं, ऐसा तो मैं नहीं मानूँगा। बहुत से अंग्रेज चाहते हैं कि हिन्दुस्तान को स्वराज्य मिले। उस प्रजा में स्वार्थ ज्यादा है यह ठीक है, लेकिन उससे हर एक अंग्रेज बुरा है ऐसा साबित नहीं होता। जो हक न्याय[1] चाहते हैं, उन्हें सबके साथ न्याय करना होगा। सर विलियम हिन्दुस्तान का बुरा चाहने वाले नहीं हैं, इतना हमारे लिए काफी है। ज्यों-ज्यों हम आगे बढ़ेंगे, त्यों-त्यों आप देखेंगे कि अगर हम न्याय की भावना से काम लेंगे, तो हिन्दुस्तान का छुटकारा जल्दी होगा। आप यह भी देखेंगे कि अगर हम तमाम अंग्रेजों से द्वेष[2] करेंगे, तो उससे स्वराज्य दूर ही जाने वाला है; लेकिन अगर उनके साथ भी न्याय करेंगे, तो स्वराज्य के लिए हमें उनकी मदद मिलेगी।

पाठक : अभी तो ये सब मुझे फ़िजूल की बड़ी-बड़ी बातें लगती हैं। अंग्रेजों की मदद मिले और उससे स्वराज्य मिल जाय, ये तो आपने दो उलटी बातें कहीं। लेकिन इस सवाल का हल अभी मुझे नहीं चाहिये। उसमें समय बिताना बेकार है। स्वराज्य कैसे मिलेगा, यह जब आप बतायेंगे तब शायद आपके विचार मैं समझ सकूँ तो समझ सकूँ। फिलहाल तो अंग्रेजों की मदद की आपकी बात ने मुझे शंका में डाल दिया है और आपके विचार के खिलाफ मुझे भरमा दिया है। इसलिए यह बात आप आगे न बढ़ायें तो अच्छा हो।

संपादक : मैं अंग्रेजों की बात को बढ़ाना नहीं चाहता। आप शंका में पड़ गये, इसकी कोई फिकर नहीं। मुझे जो महत्त्व[3] की बात कहनी है, उसे पहले से ही बता देना ठीक होगा। आपकी शंका को धीरज से दूर करना मेरा फ़र्ज़ है।

पाठक : आपकी यह बात मुझे पसन्द आयी। इससे मुझे जो ठीक लगे वह बात कहने की मुझमें हिम्मत आई है। अभी मेरी एक शंका रह गई है। कांग्रेस के आरम्भ से स्वराज्य की नींव पड़ी, यह कैसे कहा जा सकता है?

संपादक : देखिये, कांग्रेस ने अलग-अलग जगहों पर हिन्दुस्तानियों को इकट्ठा करके उनमें 'हम एक-राष्ट्र हैं' ऐसा जोश पैदा किया। कांग्रेस पर सरकार

1. इन्साफ। 2. नफ़रत। 3. अहम्।

की कड़ी नज़र रहती थी। महसूल का हक़ प्रजा को होना चाहिये, ऐसी मांग कांग्रेस ने हमेशा की है। जैसा स्वराज्य कैनेड़ा में है वैसा स्वराज्य कांग्रेस ने हमेशा चाहा है। वैसा स्वराज्य मिलेगा या नहीं मिलेगा, वैसा स्वराज्य हमें चाहिये या नहीं चाहिये, उससे बढ़कर दूसरा कोई स्वराज्य है या नहीं, यह सवाल अलग है। मुझे दिखाना तो इतना ही है कि कांग्रेस ने हिन्द को स्वराज्य का रस चखाया। इसका जस कोई और लेना चाहे तो वह ठीक न होगा, और हम भी ऐसा मानें तो बेक़दर[1] ठहरेंगे। इतना ही नहीं, बल्कि जो मक़सद हम हासिल करना चाहते हैं उसमें मुसीबतें पैदा होंगी। कांग्रेस को अलग समझने और स्वराज्य के खिलाफ मानने से हम उसका उपयोग नहीं कर सकते।

2.
बंग-भंग

पाठक : आप कहते हैं उस तरह विचार करने पर यह ठीक लगता है कि कांग्रेस ने स्वराज्य की नींव डाली। लेकिन यह तो आप मानेंगे कि वह सही जागृति[2] नहीं थी। सही जागृति कब और कैसे हुई?

संपादक : बीज हमेशा हमें दिखाई नहीं देता। वह अपना काम ज़मीन के नीचे करता है और जब खुद मिट जाता है तब पेड़ ज़मीन के ऊपर देखने में आता है। कांग्रेस के बारे में ऐसा ही समझिये। जिसे आप सही जागृति मानते हैं वह तो बंग-भंग से हुई, जिसके लिए हम लॉर्ड कर्ज़न के आभारी हैं। बंग-भंग के वक्त बंगालियों ने कर्ज़न साहब से बहुत प्रार्थना की, लेकिन वे साहब अपनी सत्ता के मद लापरवाह रहे। उन्होंने मान लिया कि हिन्दुस्तानी लोग सिर्फ बकवास ही करेंगे, उनसे कुछ भी नहीं होगा। उन्होंने अपमानभरी भाषा का प्रयोग किया और ज़बरदस्ती बंगाल के टुकड़े किये। हम यह मान सकते हैं कि उस दिन से अंग्रेजी राज्य के भी टुकड़े हुए। बंग-भंग से जो धक्का अंग्रेजी हुकूमत को लगा, वैसा और किसी काम से नहीं लगा। इसका मतलब यह नहीं कि जो दूसरे गैर-इन्साफ़ हुए, वे बंग-भंग से कुछ कम थे। नमक-महसूल कुछ कम गैर-इन्साफ़ नहीं है। ऐसा और तो आगे हम बहुत देखेंगे। लेकिन बंगाल के टुकड़े करने का विरोध[3] करने के लिए प्रजा तैयार थी। उस वक्त की प्रजा की भावना बहुत तेज थी। उस समय बंगाल के बहुतेरे नेता अपना सब कुछ न्यौछावर करने को तैयार थे। अपनी सत्ता, अपनी ताक़त को वे जानते थे। इसलिए तुरन्त आग भड़क उठी।

1. कृतघ्ना। 2. जाग। 3. मुखालिफ़त।

अब वह बुझने वाली नहीं है, उसे बुझाने की ज़रूरत भी नहीं है। ये टुकड़े क़ायम नहीं रहेंगे, बंगाल फिर एक हो जायगा। लेकिन अंग्रेजी जहाज में जो दरार पड़ी है, वह तो हमेशा रहेगी ही। वह दिन-ब-दिन चौड़ी होती जायगी। जागा हुआ हिन्द फिर सो जाय, वह नामुमकिन है। बंग-भंग को रद करने की मांग स्वराज्य की मांग के बराबर है। बंगाल के नेता यह बात खूब जानते हैं। अंग्रेजी हुकूमत भी यह बात समझती है। इसीलिए टुकड़े रद नहीं हुए। ज्यों-ज्यों दिन बीतते जाते हैं, त्यों-त्यों प्रजा तैयार होती जाती है। प्रजा एक दिन में नहीं बनती; उसे बनने में कई बरस लग जाते हैं।

पाठक : बंग-भंग के नतीजे आपने क्या देखे?

संपादक : आज तक हम मानते आये हैं कि बादशाह से अर्ज़ करना चाहिये और वैसा करने पर भी दाद न मिले तो दुःख सहन करना चाहिये; अलबत्ता, अर्ज़ तो करते ही रहना चाहिये। बंगाल के टुकड़े होने के बाद लोगों ने देखा कि हमारी अर्ज़ के पीछे कुछ ताक़त चाहिये, लोगों में कष्ट सहन करने की शक्ति चाहिये। यह नया जोश टुकड़े होने का अहम नतीजा माना जायगा। यह जोश अखबारों के लेखों में दिखाई दिया। लेख कड़े होने लगे। जो बात लोग डरते हुए या चोरी-चुपके करते थे, वह खुल्लमखुल्ला होने लगी-लिखी जाने लगी। स्वदेशी का आन्दोलन[1] चला। अंग्रेजों को देखकर छोटे-बड़े सब भागते थे, पर अब नहीं डरते; मार-पीटसे भी नहीं डरते; जेल जाने में भी उन्हें कोई हर्ज नहीं मालूम होता; और हिन्द के पुत्ररत्न आज देश निकाला भुगतते हुए (विदेशों में) विराजमान हैं। यह चीज उस अर्ज़ से अलग है। यों लोगों में खलबली मच रही है। बंगाल की हवा उत्तर में पंजाब तक और (दक्षिण में) मद्रास इलाके में कन्याकुमारी तक पहुँच गई है।

पाठक : इसके अलावा और कोई जानने लायक नतीजा आपको सूझता है?

संपादक : बंग-भंग से जैसे अंग्रेजी जहाज में दरार पड़ी है, वैसे ही हममें भी दरार फूट पड़ी है। बड़ी घटनाओं के परिणाम[2] भी यों बड़े ही होते हैं। हमारे नेताओं में दो दल हो गये हैं: एक मॉडरेट और दूसरा एक्स्ट्रीमिस्ट। उनको हम 'धीमे' और 'उतावले कह सकते हैं। ('नरम दल' व 'गरम दल' शब्द भी चलते हैं।) कोई मॉडरेट को डरपोक पक्ष और एक्स्ट्रीमिस्ट को हिम्मतवाला पक्ष भी कहते हैं। सब अपने-अपने खयालों के मुताबिक इन दो शब्दों का अर्थ करते हैं। यह सच है कि ये जो दल हुए हैं, उनके बीच ज़हर भी पैदा हुआ है। एक दल दूसरे का भरोसा नहीं करता, दोनों एक-दूसरे को ताना मारते हैं। सुरत कांग्रेस के समय करीब-करीब मार-पीट भी हो गई। ये जो दो दल हुए हैं वह देश के लिए अच्छी निशानी[3] नहीं है, ऐसा मुझे तो लगता है। लेकिन मैं यह भी मानता हूँ कि ऐसे दल लम्बे अरसे तक टिकेंगे नहीं। इस तरह कब तक ये दल रहेंगे, यह तो नेताओं पर आधार रखता है।

---

1. तहरीक। 2. नतीजे। 3. चिह्न।

3.
अशांति और असंतोष

पाठक : तो आपने बंग-भंग को जागृति का कारण माना। उससे फैली हुई अशांति को ठीक समझा जाय या नहीं?

संपादक : इनसान नींद में से उठता है तो अंगड़ाई लेता है, इधर-उधर घूमता है और अशान्त[1] रहता है। उसे पूरा भान[2] आने में कुछ वक्त लगता है। उसी तरह अगरचे बंग-भंग से जागृति आई है, फिर भी बेहोशी नहीं गई है। अभी हम अंगडाई लेने की हालत में है। अभी अशान्ति की हालत है। जैसे नींद और जाग के बीच की हालत ज़रूरी मानी जानी चाहिये और इसलिए वह ठीक कही जायगी, वैसे बंगाल में और उस कारण से हिन्दुस्तान में जो अशान्ति फैली है वह भी ठीक है। अशान्ति है यह हम जानते हैं, इसलिए शान्ति का समय आने का शक्यता[3] है। नींद से उठने के बाद हमेशा अंगड़ाई लेने की हालत में हम नहीं रहते, लेकिन देर-सबेर अपनी शक्ति के मुताबिक पूरे जागते ही हैं। इसी तरह इस अशान्ति में से हम ज़रूर छूटेंगे। अशान्ति किसी को नहीं भाती।

पाठक : अशान्ति का दूसरा रूप क्या है?

संपादक : अशान्ति असल में असंतोष है। उसे आज हम 'अनरेस्ट' कहते हैं। कांग्रेस के जमाने में वह 'डिस्कन्टेन्ट' कहलाता था। मि. ह्यूम हमेशा कहते थे कि हिन्दुस्तान में असंतोष फैलाने की ज़रूरत है। यह असंतोष बहुत उपयोगी चीज है। जब तक आदमी अपनी चालू हालत में खुश रहता है, तब तक उसमें से निकलने के लिए उसे समझना मुश्किल है। इसलिए हर एक सुधार के पहले असंतोष होना ही चाहिये। चालू चीज से ऊब जाने पर ही उसे फेंक देने को मन करता है। ऐसा असंतोष हममें महान हिन्दुस्तानियों की और अंग्रेजों की पुस्तकें पढ़कर पैदा हुआ है। उस असंतोष से अशान्ति पैदा हुई; और उस अशान्ति में कई लोग मरे, कई बरबाद हुए, कई जेल गये, कई को देश निकाला हुआ। आगे भी ऐसा होगा; और होना चाहिये। ये सब लक्षण अच्छे जाने जा सकते हैं। लेकिन इनका नतीजा बुरा भी आ सकता है।

---

1. बेचैन। 2. सुध। 3. इमकान।

4.
स्वराज्य क्या है?

पाठक : कांग्रेस ने हिन्दुस्तान को एक-राष्ट्र बनाने के लिए क्या किया, बंग-भंग से जागृति कैसे हुई, अशान्ति और असंतोष कैसे फैले, यह सब जाना। अब मैं यह जानना चाहता हूँ कि स्वराज्य के बारे में आपके क्या ख़्याल है। मुझे डर है कि शायद हमारी समझ में फ़रक हो।

संपादक : फ़रक होना मुमकिन है। स्वराज्य के लिए आप-हम सब अधीर बन रहे हैं, लेकिन वह क्या है इस बारे में हम ठीक राय पर नहीं पहुँचे हैं। अंग्रेजों को निकाल बाहर करना चाहिये, इसका कोई ठीक ख़्याल किया गया हो ऐसा नहीं लगता। आपसे ही एक सवाल मैं पूछता हूँ। मान लीजिये कि हम माँगते हैं उतना सब अंग्रेज हमें दे दें, तो फिर उन्हें (यहाँ से) निकाल देने की ज़रूरत आप समझते हैं?

पाठक : मैं तो उनसे एक ही चीज मांगूँगा। वह है: मेहरबानी करके आप हमारे मुल्कसे चले जायें। यह माँग वे कबूल करें और हिन्दुस्तान से चले जायें, तब भी अगर कोई ऐसा अर्थ का अनर्थ[1] करें कि वे यहीं रहते हैं, तो मुझे उसकी परवाह नहीं होगी। तब फिर हम ऐसा मानेंगे कि हमारी भाषा में कुछ लोग 'जाना' का अर्थ 'रहना' करते हैं।

संपादक : अच्छा, हम मान लें कि हमारी माँग के मुताबिक अंग्रेज चले गये। उसके बाद आप क्या करेंगे?

पाठक : इस सवाल का जवाब अभी से दिया ही नहीं जा सकता। वे किस तरह जाते हैं, उस पर बाद की हालत का आधार रहेगा। मान लें कि आप कहते हैं उस तरह वे चले गये, तो मुझे लगता है कि उनका बनाया हुआ विधान[2] हम चालू रखेंगे और राज का कारोबार चलायेंगे। कहने से ही वे चले जायें तो हमारे पास लश्कर तैयार ही होगा, इसलिए हमें राजकाज चलाने में कोई मुश्किल नहीं आयेगी।

संपादक : आप भले ही ऐसा मानें, लेकिन मैं नहीं मानूँगा। फिर भी मैं इस बात पर ज्यादा बहस नहीं करना चाहता। मुझे तो आपके सवाल का जवाब देना

---

1. सही का गलत अर्थ। 2. दस्तूर।

है। वह जवाब मैं आपसे ही कुछ सवाल करके अच्छी तरह दे सकता हूँ। इसलिए कुछ सवाल आपसे करता हूँ। हम अंग्रेजों को क्यों निकालना चाहते हैं?

पाठक : इसलिए कि उनके राज–कारोबार से देश कंगाल होता जा रहा है। वे हर साल देश से धन ले जाते हैं। वे अपनी ही चमड़ी के लोगों को बड़े ओहदे देते हैं, हमें सिर्फ गुलामी में रखते हैं, हमारे साथ बेअदबी का बरताव करते हैं और हमारी जरा भी परवा नहीं करते।

संपादक : अगर वे धन बाहर न ले जायें, नम्र बन जायं और हमें बड़े ओहदे दें, तो उनके रहने में आपको कुछ हर्ज है?

पाठक : यह सवाल ही बेकार है। बाघ अपना रूप[1] पलट दे तो उसकी भाईबन्दी से कोई नुकसान है? ऐसा सवाल आपने पूछा, यह सिर्फ वक्त बरबाद करने के खातिर ही। अगर बाघ अपना स्वभाव[2] बदल सके, तो अंग्रेज लोग अपनी आदत छोड़ सकते हैं। जो कभी होने वाला नहीं है वह होगा, ऐसा मानना मनुष्य की रीत ही नहीं है।

संपादक : कैनेडा को जो राजसत्ता मिली है, बोअर लोगों को जो राजसत्ता मिली है, वैसी ही हमें मिले तो?

पाठक : यह भी बेकार सवाल है। हमारे पास उनकी तरह गोलाबारूद हो तब वैया ज़रूर हो सकता है। लेकिन उन लोगों के जितनी सत्ता जब अंग्रेज हमें देंगे तब हम अपना ही झंडा रखेंगे। जैसा जापान वैसा हिन्दुस्तान। अपना जंगी बेड़ा, अपनी फौज़ और अपनी जाहोजलाली[3] होगी और तभी हिन्दुस्तान का सारी दुनिया में बोलबाला होगा।

संपादक : यह तो आपने अच्छी तसवीर खींची। इसका अर्थ यह हुआ कि हमें अंग्रेजी राज्य तो चाहिये, पर अंग्रेज (शासक) नहीं चाहिये। आप बाघ का स्वभाव तो चाहते हैं, लेकिन बाघ नहीं चाहते। मतलब यह हुआ कि आप हिन्दुस्तान को अंग्रेज बनाना चाहते हैं। और हिन्दुस्तान जब अंग्रेज बन जायगा तब वह हिन्दुस्तान नहीं कहा जायगा, लेकिन सच्चा इंग्लिस्तान कहा जायगा। यह मेरी कल्पना का स्वराज्य नहीं है।

पाठक : मैंने तो जैसा मुझे सूझता है वैसा स्वराज्य बतलाया। हम जो शिक्षा पाते हैं वह अगर कुछ काम की हो, स्पेन्सर, मिल बगैरा महान लेखकों के जो लेख हम पढ़ते हैं वे कुछ काम के हों, अंग्रेजों की पार्लियामेन्ट पार्लियामेन्ट की माता हो, तो फिर बेशक मुझे तो लगता है कि हमें उनकी नकल करनी चाहिये; वह यहाँ तक कि जैसे वे अपने मुल्कमें दूसरों को घुसने नहीं देते वैसे हम भी दूसरों को न घुसने दें। यों तो उन्होंने अपने देश में जो किया है, वैसा और जगह

---

1. सूरत। 2. मिज़ाज। 3. समृद्धि, मालामाली।

अभी देखने में नहीं आता। इसलिए उसे तो हमें अपने देश में अपनाना ही चाहिये। लेकिन अब आप अपने विचार बतलाइये।

संपादक : अभी देर है। मेरे विचार अपने आप इस चर्चा में आपको मालूम हो जायेंगे। स्वराज्य को समझना आपको जितना आसान लगता है उतना ही मुझे मुश्किल लगता है। इसलिए फिलहाल मैं आपको इतना ही समझाने की कोशिश करूँगा कि जिसे आप स्वराज्य कहते हैं वह सचमुच स्वराज्य नहीं है।

5.
इंग्लैंड की हालत

पाठक : आप जो कहते हैं उस पर से तो मैं यही अंदाज लगाता हूँ कि इंग्लैंड में जो राज्य चलता है वह ठीक नहीं है और हमारे लायक नहीं है।

संपादक : आपका यही खयाल सही है। इंग्लैंड में आज जो हालत है वह सचमुच दयनीय–तरस खाने लायक है। मैं तो भगवान से यही माँगता हूँ कि हिन्दुस्तान की ऐसी हालत कभी न हो। जिसे आप पार्लियामेन्टों की माता कहते हैं, वह पार्लियामेन्ट तो बांझ और बेसवा[1] है। ये दोनों शब्द बहुत कड़े हैं, तो भी उसे अच्छी तरह लागू होते हैं। मैंने उसे बांझ कहा, क्योंकि अब तक उस पार्लियामेन्ट ने अपने आप एक भी अच्छा काम नहीं किया। अगर उस पर जोर–दबाव डालने वाला कोई न हो तो वह कुछ भी न करे, ऐसी उसकी कुदरती हालत है। और वह बेसवा है क्योंकि जो मंत्री–मंडल उसे रखे उसके पास वह रहती है। आज उसका मालिक एस्क्विथ है, तो कल बालफर होगा और परसों कोई तीसरा।

पाठक : आपके बोलने में कुछ व्यंग्य[2] है। बांझ शब्द को अब तक आपने लागू नहीं किया। पार्लियामेन्ट लोगों की बनी है, इसलिए बेशक लोगों के दबाव से ही वह काम करेगी। वही उसका गुण[3] है, उसके ऊपर का अंकुश[4] है।

संपादक : यही बड़ी गलत बात है। अगर पार्लियामेन्ट बांझ न हो तो इस तरह होना चाहिये – लोग उसमें अच्छे से अच्छे मेम्बर चुनकर भेजते हैं। मेम्बर तनख्वाह नहीं लेते, इसलिए उन्हें लोगों की भलाई के लिए (पार्लियामेन्ट) जाना चाहिये। लोग खुद सुशिक्षित–संस्कारी[5] माने जाते हैं, इसलिए उनसे भूल नहीं होती ऐसा हमें मानना चाहिये। ऐसी पार्लियामेन्ट को अर्जी की ज़रूरत नहीं होनी

---

1. वेश्या। 2. भेद। 3. सिफ़ता। 4. क़ाबू। 5. तालीमयाफ़्ता

चाहिये, न दबाव की। उस पार्लियामेन्ट का काम इतना सरल होना चाहिये कि दिन-ब-दिन उसका तेज बढ़ता जाय और लोगों पर उसका असर होता जाय। लेकिन इससे उलटे इतना तो सब कबूल करते हैं कि पार्लियामेन्ट के मेम्बर दिखावटी और स्वार्थी[1] पाये जाते हैं। सब अपना मतलब साधने की सोचते हैं। सिर्फ डरके कारण ही पार्लियामेन्ट कुछ काम करती है। जो काम आज किया वह कल उसे रद करना पड़ता है। आज तक एक भी चीज को पार्लियामेन्ट में ठिकाने लगाया हो ऐसी कोई मिसाल देखने में नहीं आती। बड़े सवालों की चर्चा जब पार्लियामेन्ट में चलती है, तब उसके मेम्बर पैर फैलाकर लेटते हैं या बैठे बैठे झपकियां लेते हैं। उस पार्लियामेन्ट में मेम्बर इतने जोरों से चिल्लाते हैं कि सुनने वाले हैरान परेशान हो जाते हैं। उसके एक महान लेखक ने उसे 'दुनिया की बातूनी' जैसा नाम दिया है। मेम्बर जिस पक्ष[2] अगर कोई मेम्बर इसमें अपवादरूप[3] निकल आये, तो उसकी कमबख्ती ही समझिये। जितना समय और पैसा पार्लियामेन्ट खर्च करती है उतना समय और पैसा अगर अच्छे लोगों को मिले तो प्रजा का उद्धार[4] हो जाय। ब्रिटिश पार्लियामेन्ट महज़ प्रजा का खिलौना है और वह खिलौना प्रजा को भारी खर्च में डालता है। ये विचार मेरे खुद के हैं ऐसा आप न मानें। बड़े और विचारशील अंग्रेज ऐसा विचार रखते हैं। एक मेम्बर ने तो यहाँ तक कहा है कि पार्लियामेन्ट धर्मिष्ठ[5] आदमी के लायक नहीं रही। दूसरे मेम्बर ने तो कहा है कि पार्लियामेन्ट एक 'बच्चा' (बेबी) है। बच्चों को कभी आपने हमेशा बच्चे ही रहते देखा है? आज सात सौ बरस के बाद भी अगर पार्लियामेन्ट बच्चा ही हो, तो वह बड़ी कब होगी?

पाठक : आपने मुझे सोच में डाल दिया। यह सब मुझे तुरन्त मान लेना चाहिये, ऐसा तो आप नहीं कहेंगे। आप बिलकुल निराले विचार मेरे मन में पैदा कर रहे हैं। मुझे उन्हें हजम करना होगा। अच्छा, अब 'बेसवा' शब्द का विवेचन[6] कीजिये।

संपादक : मेरे विचारों को आप तुरन्त नहीं मान सकते, यह बात ठीक है। उसके बारे में आपको जो साहित्य पढ़ना चाहिये वह आप पढ़ेंगे, तो आपको कुछ ख़्याल आयेगा। पार्लियामेन्ट को मैंने बेसवा कहा, वह भी ठीक है। उसका कोई मालिक नहीं है। उसका कोई एक मालिक नहीं हो सकता। लेकिन मेरे कहने का मतलब इतना ही नहीं है। जब कोई उसका मालिक बनता है–जैसे प्रधानमंत्री – तब भी उसकी चाल एक सरीखी नहीं रहती। जैसे बुरे हाल[7] बेसवा के होते हैं, वैसे ही सदा पार्लियामेन्ट के होते हैं। प्रधानमंत्री को पार्लियामेन्ट की थोड़ी ही परवाह रहती है। वह तो अपनी सत्ता के मद में मस्त रहता है। अपना

1. खुदगरज। 2. दल, पार्टी। 3. इस्तुना की तौर पर। 4. बेहतर हालत। 5. दीनदार। 6. तफ़सीर 7. दुर्दशा

दल कैसे जीते इसी की लगन उसे रहती है। पार्लियामेन्ट सही काम कैसे करे, इसका वह बहुत कम विचार करता है। अपने दल को बलवान बनाने के लिए प्रधानमंत्री पार्लियामेन्ट से कैसे-कैसे काम करवाता है, इसकी मिसालें जितनी चाहिये उतनी मिल सकती हैं। यह सब सोचने लायक है।

पाठक : तब तो आज तक जिन्हें हम देशाभिमानी[1] और ईमानदार समझते आये हैं, उन पर भी आप टूट पड़ते हैं।

संपादक : हां, यह सच है। मुझे प्रधानमंत्रियों से द्वेष[2] नहीं है। लेकिन तजरबे से मैंने देखा है कि वे सच्चे देशाभिमानी नहीं कहे जा सकते। जिसे हम घूस कहते हैं वह घूस वे खुल्लमखुल्ला नहीं लेते-देते, इसलिए भले ही वे ईमानदार कहे जायें। लेकिन उनके पास बसीला[3] काम कर सकता है। वे दूसरों से काम निकालने के लिए उपाधि[4] वगैरा की घूस बहुत देते हैं। मैं हिम्मत के साथ कह सकता हूँ कि उनमें शुद्ध भावना और सच्ची ईमानदारी नहीं होती।

पाठक : जब आपके ऐसे खयाल हैं तो जिन अंग्रेजों के नाम से पार्लियामेन्ट राज करती है उनके बारे में अब कुछ कहिये, ताकि उनके स्वराज्य का पूरा खयाल मुझे आ जाये।

संपादक : जो अंग्रेज 'वोटर' हैं (चुनाव करते हैं), उनकी धर्म-पुस्तक (बाइबल) तो है अखबार। वे अखबारों से अपने विचार बनाते हैं। अखबार अप्रमाणिक[5] होते हैं, एक ही बात को दो शकलें देते हैं। एक दलवाले उसी बात को बड़ी बनाकर दिखलाते हैं, तो दूसरे दलवाले उसी को छोटी कर डालते हैं। एक अखबारवाला किसी अंग्रेज नेता को प्रामाणिक[6] मानेगा, तो दूसरा अखबार वाला उसको अप्रामणिक मानेगा। जिस देश में ऐसे अखबार हैं उस देश के आदमियों की कैसी दुर्दशा होगी?

पाठक : यह तो आप ही बताइये।

संपादक : उन लोगों के विचार घड़ी-घड़ी में बदलते हैं। उन लोगों में यह कहावत है कि सात-सात बरस में रंग बदलता है। घड़ी के लोलक की तरह वे इधर-उधर घूम सकते हैं। जमकर वे बैठ ही नहीं सकते। कोई दौर-दमामवाला आदमी हो और उसने अगर बड़ी-बड़ी बातें कर दीं या दावतें दे दीं, तो वे नक्कारची की तरह उसी के ढोल पीटने लग जाते हैं। ऐसे लोगों की पार्लियामेन्ट भी ऐसी ही होती है। उनमें एक बात ज़रूर है। वह यह कि वे अपने देश को खायेंगे नहीं। अगर किसी ने उस पर बुरी नजर डाली, तो वे उसकी मिट्टी पलीद कर देंगे। लेकिन इससे उस प्रजा में सब गुण आ गये, या उस प्रजा की नक़ल की जाय, ऐसा नहीं कह सकते। अगर हिन्दुस्तान अंग्रेज प्रजा की नकल करे तो

---

1. हुज-उल-वतन। 2. बैर। 3. सिफ़ारिश। 4. इलकाब। 5. बेईमान। 6. ईमानदार

हिन्दुस्तान पामाल हो जाय, ऐसा मेरा पक्का ख़्याल है।

पाठक : अंग्रेज प्रजा ऐसी हो गई है, इसके आप क्या कारण मानते हैं?

संपादक : इसमें अंग्रेजों का कोई खास क़सूर नहीं है। पर उनकी वह सभ्यता नुकसान बल्कि यूरोप की आजकल की सभ्यता का क़सूर है। वह सभ्यता नुकसान देह है और उससे यूरोप की प्रजा पागल होती जा रही है।

6.
सभ्यता का दर्शन

पाठक : अब तो आपको सभ्यता[1] की भी बात करनी होगी। आपके हिसाब से तो यह सभ्यता बिगाड़ करनेवाली है।

संपादक : मेरे हिसाब से ही नहीं, बल्कि अंग्रेज लेखकों के हिसाब से भी यह सभ्यता बिगाड़ करने वाली है। उसके बारे में बहुत किताबें लिखी गई हैं। वहाँ इस सभ्यता के खिलाफ़ मंडल भी कायम हो रहे हैं। एक लेखक ने 'सभ्यता, उसके कारण और उसकी दवा' नाम की किताब लिखी है। उसमें उसने यह साबित किया है कि यह सभ्यता एक तरह का रोग है।

पाठक : यह सब हम क्यों नहीं जानते?

संपादक : इसका कारण तो साफ है।

कोई भी आदमी अपने खिलाफ़ जानेवाली बात करे ऐसा शायद ही होता है। आज की सभ्यता के मोह में फँसे हुए लोग उसके खिलाफ नहीं लिखेंगे, उलटे उसको सहारा मिले ऐसी ही बातें और दलीलें ढूँढ़ निकालेंगे। यह वे जान-बूझकर करते हैं ऐसा भी नहीं है। वे जो लिखते हैं उसे खुद सच मानते हैं। नींद में आदमी जो सपना देखता है, उसे वह सही मानता है। जब उसकी नींद खुलती है तभी उसे अपनी गलती मालूम होती है। ऐसी ही दशा सभ्यता के मोह में फँसे हुए आदमी की होती है। हम जो बातें पढ़ते हैं वे सभ्यता की हिमायत करने वालों की लिखी बातें होती हैं। उनमें बहुत होशियार और भले आदमी हैं। उनके लेखों से हम चौंधिया जाते हैं। यों एक के बाद दूसरा आदमी उसमें फँसता जाता है।

पाठक : यह बात आपने ठीक कही। अब आपने जो कुछ पढ़ा और सोचा है, उसका खयाल मुझे दीजिये।

संपादक : पहले तो हम यह सोचें कि सभ्यता किस हालत का नाम है।

---

1. तहजीब।

इस सभ्यता की सही पहचान तो यह है कि लोग बाहरी (दुनिया) की खोजों में और शरीर के सुख में धन्यता–सार्थकता[1] और पुरुषार्थ[2] मानते हैं। इसकी कुछ मिसालें लें। सौ साल पहले यूरोप के लोग जैसे घरों में रहते थे उनसे ज्यादा अच्छे घरों में आज वे रहते हैं; यह सभ्यता की निशानी मानी जाती है। इसमें शरीर के सुख की बात है। इसके पहले लोग चमड़े के कपड़े पहनते थे और भालों का इस्तेमाल करते थे। अब वे लंबे पतलून पहनते हैं और शरीर को सजाने के लिए तरह–तरह के कपड़े बनवाते हैं; और भाले के बदले एक के बाद एक पाँच गोलियां छोड़ सके ऐसी चक्करवाली बन्दूक इस्तेमाल करते हैं। यह सभ्यता की निशानी है। किसी मुल्क के लोग, जो जूते वगैरा नहीं पहनते हों, जब यूरोप के कपड़े पहनना सीखते हैं, तो जंगली हालत में से सभ्य हालत में आये हुए माने जाते हैं। पहले यूरोप में लोग मामूली हल की मदद से अपने लिए जोत–मेहनत करके ज़मीन जोतते थे। उसकी जगह आज भाप के यंत्रों से हल चलाकर एक आदमी बहुत सारी ज़मीन जोत सकता है और बहुत–सा पैसा जमा कर सकता है। यह सभ्यता की निशानी मानी जाती है। पहले लोग कुछ ही किताबें लिखते थे और वे अनमोल मानी जाती थीं। आज हर कोई चाहे जो लिखता है और छपवाता है और लोगों के मन को भरमाता है। यह सभ्यता की निशानी है। पहले लोग बैलगाड़ी से रोज बारह कोस की मंजिल तय करते थे। आज रेलगाड़ी से चार सौ कोस की मंज़िल मारते हैं। यह तो सभ्यता की चोटी[3] मानी गई है। यह सभ्यता जैसे–जैसे आगे बढ़ती जाती है वैसे–वैसे यह सोचा जाता है कि लोग हवाई जहाज से सफ़र करेंगे और थोड़े ही घंटों में दुनिया के किसी भी भाग[4] में जा पहुँचेंगे। लोगों को हाथ–पैर हिलाने की ज़रूरत नहीं रहेगी। एक बटन दबाया कि आदमी के सामने पहनने की पोशाक हाज़िर हो जायेगी, दूसरा बटन दबाया कि उसे अखबार मिल जायेंगे, तीसरा दबाया कि उसके लिए गाड़ी तैयार हो जायेगी; हमेशा नये भोजन मिलेंगे, हाथ–पैर का काम नहीं पड़ेगा, सारा काम कल[5] से ही किया जायगा। पहले जब लोग लड़ना चाहते थे तो एक–दूसरे का शरीर–बल आजमाते थे। आज तो तोप के एक गोले से हजारों जानें ली जा सकती हैं। यह सभ्यता की निशानी है। पहले लोग खुली हवा में अपने को ठीक लगे उतना काम स्वतन्त्रता से करते थे। अब हजारों आदमी अपने गुज़ारे के लिए इकट्ठा होकर बड़े कारखानों में या खानों में काम करते हैं। उनकी हालत जानवर से भी बदतर हो गई है। उन्हें सीसे वगैरा के कारखानों में जान को जोखिम में डालकर काम करना पड़ता है। इसका लाभ पैसेदार लोगों को मिलता है। पहले लोगों को मार–पीट कर गुलाम बनाया जाता था; आज लोगों को पैसे का और

---

1. पुरअरमानी। 2. बहादुरी। 3. शिखर। 4. हिस्सा। 5. यंत्र।

भोग[1] का लालच देकर गुलाम बनाया जाता है। पहले जैसे रोग नहीं थे वैसे रोग आज लोगों में पैदा हो गये हैं और उसके साथ डॉक्टर खोज करने लगे हैं कि ये रोग कैसे मिटाये जायें। ऐसा करने से अस्पताल बढ़े हैं। यह सभ्यता की निशानी मानी जाती है। पहले लोग पत्र लिखते थे तब खास क़ासिद उसे ले जाता था और उसके लिए काफी खर्च लगता था। आज मुझे किसी को गालियाँ देने के लिए पत्र लिखना हो, तो एक पैसे में मैं गालियाँ दे सकता हूँ, किसी को मुझे मुबारकबाद देना हो तो भी मैं उसी दाम में पत्र भेज सकता हूँ। यह सभ्यता की निशानी है। पहले लोग दो या तीन बार खाते थे और वह भी खुद हाथ से पकाई हुई रोटी और थोड़ी तरकारी। अब तो हर दो घंटे पर खाना चाहिये, और वह यहाँ तक कि लोगों को खाने से फुरसत ही नहीं मिलती। और कितना कहूँ? यह सब आप किसी भी पुस्तक में पढ़ सकते हैं। ये सब सभ्यता की सच्ची निशानियाँ मानी जाती हैं। और अगर कोई भी इससे भिन्न बात समझाये, तो वह भोला है ऐसा निश्चय[2] ही मानिये। सभ्यता तो मैंने जो बतायी वही मानी जाती है। उसमें नीति या धर्म की बात ही नहीं है। सभ्यता के हिमायती साफ कहते हैं कि उनका काम लोगों को धर्म सिखाने का नहीं है। धर्म तो ढोंग है, ऐसा कुछ लोग मानते हैं। और कुछ लोग धर्म का दम्भ करते हैं, नीति की बातें भी करते हैं। फिर भी मैं आपसे बीस बरस के अनुभव[3] के बाद कहता हूँ कि नीति के नाम से अनीति सिखलाई जाती है। ऊपर की बातों में नीति हो ही नहीं सकती, यह कोई बच्चा भी समझ सकता है। शरीर का सुख कैसे मिले, यही आज की सभ्यता ढूँढ़ती है; और यही देने की वह कोशिश करती है। परंतु वह सुख भी नहीं मिल पाता।

यह सभ्यता तो अधर्म है और यह यूरोप में इतने दरजे तक फैल गयी है कि वहाँ के लोग आधे पागल जैसे देखने में आते हैं। उनमें सच्ची कूबत नहीं है; वे नशा करके अपनी ताक़त क़ायम रखते हैं। एकान्त में[4] वे बैठ ही नहीं सकते। जो स्त्रियां घर की रानियाँ होनी चाहिये, उन्हें गलियों में भटकना पड़ता है, या कोई मज़दूरी करनी पड़ती है। इंग्लैंड में ही चालीस लाख गरीब औरतों को पेट के लिए सख्त मज़दूरी करनी पड़ती है, और आजकल इसके कारण 'सफ्रेजेट' का आन्दोलन[5] चल रहा है।

यह सभ्यता ऐसी है कि अगर हम धीरज धर कर बैठे रहेंगे, तो सभ्यता की चपेट में आये हुए लोग खुद की जलायी हुई आग में जल मरेंगे। पैगम्बर मोहम्मद साहब की सीख के मुताबिक यह शैतानी सभ्यता है। हिन्दू धर्म इसे निरा 'कलजुग' कहता है। मैं आपके सामने इस सभ्यता का हूबहू चित्र नहीं खींच

---

1. मजा, आनन्द। 2. खसूसन। 3. तज़रबा। 4. तनहाई। 5. तहरीक

सकता। यह मेरी शक्ति के बाहर है। लेकिन आप समझ सकेंगे कि इस सभ्यता के कारण अंग्रेज प्रजा में सड़नने घर कर लिया है। यह सभ्यता दूसरों का नाश करने वाली और खुद नाशवान है। इससे दूर रहना चाहिये और इसीलिए ब्रिटिश और दूसरी पार्लियामेन्टें बेकार हो गई हैं। ब्रिटिश पार्लियामेन्ट अंग्रेज प्रजा की गुलामी की निशानी है, यह पक्की बात है। आप पढ़ेंगे और सोचेंगे तो आपको भी ऐसा ही लगेगा। इसमें आप का अंग्रेजों का दोष[1] न निकालें। उन पर तो हमें दया आनी चाहिये। वे काबिल प्रजा हैं इसलिए किसी दिन उस जाल से निकल जायेंगे ऐसा मैं मानता हूँ। वे साहसी और मेहनती हैं। मूल में उनके विचार अनीति भरे नहीं हैं, इसलिए उनके बारे में मेरे मन में उत्तम[2] ख़्याल ही है। उनका दिल बुरा नहीं है। यह सभ्यता उनके लिए कोई अमिट रोग नहीं है। लेकिन अभी वे उस रोग में फँसे हुए हैं, यह तो हमें भूलना ही नहीं चाहिये।

7.
हिन्दुस्तान कैसे गया?

पाठक : आपने सभ्यता के बारे में बहुत कुछ कहा; और मुझे विचार में डाल दिया। अब तो मैं इस संकट में आ पड़ा हूँ कि यूरोप की प्रजा से मैं क्या लूँ और क्या न लूँ। लेकिन एक सवाल मेरे मन में तुरन्त उठता है: अगर आज की सभ्यता बिगाड़ करने वाली है, एक रोग है, तो ऐसी सभ्यता में फँसे हुए अंग्रेज हिन्दुस्तान को कैसे ले सके? इसमें वे कैसे रह सकते हैं?

संपादक : आपके इस सवाल का जवाब कुछ आसानी से दिया जा सकेगा और अब थोड़ी देर में हम स्वराज्य के बारे में भी विचार कर सकेंगे। आपके इस सवाल का जवाब अभी देना बाकी है, यह मैं भूला नहीं हूँ। लेकिन आपके आखिरी सवाल पर हम आयें। हिन्दुस्तान अंग्रेजों ने लिया सो बात नहीं है, बल्कि हमने उन्हें दिया है। हिन्दुस्तान में अपने बल से नहीं टिके हैं, बल्कि हमने उन्हें टिका रखा है। वह कैसे सो देखें। आपको मैं याद दिलाता हूँ कि हमारे देश में वे दरअसल व्यापार के लिए आये थे। आप अपनी कंपनी बहादुर को याद कीजिये। उसे बहादुर किसने बनाया? वे बेचारे तो राज करने का इरादा भी नहीं रखते थे। कंपनी के लोगों की मदद किसने की? उनकी चाँदी को देखकर कौन मोह में पड़ जाता था? उनका माल कौन बेचता था? इतिहास[3] सबूत देता है कि यह सब हम ही करते थे। जल्दी पैसा पाने के मतलब से हम उनका स्वागत करते थे। हम उनकी मदद करते थे। मुझे भांग पीने की आदत हो और भांग बेचनेवाला

1. कसूर। 2. बहुत अच्छे। 3. तवारिख।

मुझे भांग बेचे, तो कसूर बेचनेवाले का निकालना चाहिये या अपना खुद का? बेचनेवाले का कसूर निकालने से मेरा व्यसन[1] थोड़ा ही मिटने वाला है? एक बेचनेवाले को भगा देंगे तो क्या दूसरे मुझे भांग नहीं बेचेंगे? हिन्दुस्तान के सच्चे सेवक को अच्छी तरह खोज करके इसकी जड़ तक पहुँचना होगा। ज्यादा खाने से अगर मुझे अजीर्ण हुआ हो, तो मैं पानी का दोष निकाल कर अजीर्ण[2] दूर नहीं कर सकूँगा। सच्चा डॉक्टर तो वह है जो रोग की जड़ खोजे। आप अगर हिन्दुस्तान के रोग के डॉक्टर होना चाहते हैं, तो आपको रोग की जड़ खोजनी ही पड़ेगा।

पाठक : आप सच कहते हैं। अब मुझे समझाने के लिए आपको दलील करने की ज़रूरत नहीं रहेगी। मैं आपके विचार जानने के लिए अधीर बन गया हूँ। अब हम बहुत ही दिलचस्प विषय[3] पर आ गये हैं, इसलिए मुझे आप अपने ही विचार बतायें। जब उनके बारे में शंका पैदा होगी तब मैं आपको रोकूँगा।

संपादक : बहुत अच्छा। पर मुझे डर है कि आगे चलने पर हमारे बीच फिर से मतभेद ज़रूर होगा। फिर भी जब आप मुझे रोकेंगे तभी मैं दलील में उतरूंगा। हमने देखा कि अंग्रेज व्यापारियों को हमने बढ़ावा दिया तभी वे हिन्दुस्तान में अपने पैर फैला सके। वैसे ही जब हमारे राजा लोग आपस में झगड़े तब उन्होंने कंपनी बहादुर से मदद माँगी। कंपनी बहादुर व्यापार और लड़ाई के काम में कुशल[4] थी। उसमें उसे नीति–अनीति की अड़चन नहीं थी। व्यापार बढ़ाना और पैसा कमाना, यही उसका धंधा था। उसमें जब हमने मदद दी तब उसने हमारी मदद ली और अपनी कोठियाँ बढ़ाईं। कोठियों का बचाव करने के लिए उसने लश्कर रखा। उस लश्कर का हमने उपयोग किया, इसलिए अब उसे दोष देना बेकार है। उस वक्त हिन्दू–मुसलमानों के बीच बैर था। कंपनी को उससे मौक़ा मिला। इस तरह हमने कंपनी के लिए ऐसे संजोग पैदा किये, जिससे हिन्दुस्तान पर उसका अधिकार हो जाय। इसलिए हिन्दुस्तान गया ऐसा कहने के बजाय ज्यादा सच यह कहना होगा कि हमने हिन्दुस्तान अंग्रेजों को दिया।

पाठक : अब अंग्रेज हिन्दुस्तान को कैसे रख सकते हैं सो कहिये।

संपादक : जैसे हमने हिन्दुस्तान उन्हें दिया वैसे ही हम हिन्दुस्तान को उनके पास रहने देते हैं। उन्होंने तलवार से हिन्दुस्तान लिया ऐसा उनमें से कुछ कहते हैं, और ऐसा भी कहते हैं कि तलवार से उसे रख रहे हैं। ये दोनों बातें गलत हैं। हिन्दुस्तान को रखने के लिए तलवार से वे उसे रख रहे हैं। ये दोनों बातें गलत हैं। हिन्दुस्तान को रखने के लिए तलवार किसी काम में नहीं आ सकती; हम खुद ही उन्हें यहाँ रहने देते हैं।

नेपोलियान ने अंग्रेजों को व्यापारी प्रजा कहा है। वह बिलकुल ठीक बात है। वे जिस देश को (अपने काबू में) रखते हैं, उसे व्यापार के लिए रखते हैं,

---

1. लत, कुटैव। 2. बदहजमी। 3. बात। 4. होशियार।

यह जानने लायक है। उनकी फ़ौजें और जंगी बेड़े सिर्फ़ व्यापार की रक्षा[1] के लिए हैं। जब ट्रान्सवाल में व्यापार का लालच नहीं था तब मि. ग्लेडस्टन को तुरन्त सूझ गया कि ट्रान्सवाल अंग्रेजों को नहीं रखना चाहिये। जब ट्रान्सवाल में व्यापार का आकर्षण देखा तब उससे लड़ाई की गई और मि. चेम्बरलेन ने यह ढूँढ़ निकाला कि ट्रान्सबाल पर अंग्रेजों की हुकूमत है। मरहूम प्रेसिडेन्ट क्रूगर से किसी ने सवाल किया : 'चाँद में सोना है या नहीं?' उसने जवाब दिया: 'चाँद में सोना होने की संभावना नहीं है, क्योंकि सोना होता तो अंग्रेज अपने राज के साथ उसे जोड़ देते।' पैसा उनका खुदा है, यह ध्यान में रखने से सब बातें साफ हो जायेंगी।

तब अंग्रेजों को हम हिन्दुस्तान में सिर्फ़ अपनी गरज से रखते हैं। हमें उनका व्यापार पसंद आता है। वे चालबाजी करके हमें रिझाते हैं और रिझाकर हमसे काम लेते हैं। इसमें उनका दोष निकालना उनकी सत्ता को निभाने जैसा है। इसके अलावा, हम आपसे में झगड़कर उन्हें ज्यादा बढ़ावा देते हैं।

अगर आप ऊपर की बात को ठीक समझते हैं, तो हमने यह साबित कर दिया कि अंग्रेज व्यापार के लिए यहाँ आये, व्यापार के लिए यहाँ रहते हैं और उनके रहने में हम ही मददगार हैं। उनके हथियार तो बिलकुल बेकार हैं।

इस मौके पर मैं आपको याद दिलाता हूँ कि जापान में अंग्रेजी झंडा लहराता है ऐसा आप मानिये। जापान के साथ अंग्रेजों ने जो करार किया है वह अपने व्यापार के लिए किया है। और आप देखेंगे कि जापान में अंग्रेज लोग अपना व्यापार खूब जमायेंगे। अंग्रेज अपने माल के लिए सारी दुनिया को अपना बाजार बनाना चाहते हैं। यह सच है कि ऐसा वे नहीं कर सकेंगे। इसमें उनको कोई कसूर नहीं माना जा सकता। अपनी कोशिश में वे कोई कसर नहीं रखेंगे।

8.
हिन्दुस्तान की दशा–1

पाठक : हिन्दुस्तान अंग्रेजों के हाथ में क्यों है, यह समझा जा सकता है। अब मैं हिन्दुस्तान की हालत के बारे में आपके विचार जानना चाहता हूँ।

संपादक : आज हिन्दुस्तान की रंक[2] दशा है। यह आपसे कहते हुए मेरी आँखों में पानी भर जाता है और गला सूख जाता है। यह बात मैं आपको पूरी तरह समझा सकूँगा या नहीं, इस बारे में मुझे शक है। मेरी पक्की राय है, कि

---

1. रखवाली। 2. कंगाल।

हिन्दुस्तान अंग्रेजों से नहीं, बल्कि आजकल की सभ्यता[1] से कुचला जा रहा है, उसकी चपेट में वह फँस गया है। उसमें से बचने का अभी भी उपाय है, लेकिन दिन-ब-दिन समय बीतता जा रहा है। मुझे तो धर्म प्यारा है; इसलिए पहला दुख मुझे यह है कि हिन्दुस्तान धर्मभ्रष्ट होता जा रहा है। धर्म का अर्थ मैं यहां हिन्दू, मुस्लिम या जरथोस्ती धर्म नहीं करता। लेकिन इस सब धर्मों के अन्दर जो 'धर्म' है वह हिन्दुस्तान से जा रहा है; हम ईश्वर से विमुख होते जा रहे हैं।

पाठक : सो कैसे?

संपादक : हिन्दुस्तान पर यह तोहमत है कि हम आलसी हैं और गोरे लोग मेहनती और उत्साही[2] हैं। इसे हमने मान लिया है। इसलिए हम अपनी हालत को बदलना चाहते हैं।

हिन्दू, मुस्लिम, जरथोस्ती, ईसाई सब धर्म सिखाते हैं कि हमें दुनियवी बातों के बारे में मंद[3] और धार्मिक[4] बातों के बारे में उत्साही रहना चाहिये। हमें अपने दुनियवी लोभी की हद बाँधनी चाहिये और धार्मिक लोभ को खुला छोड़ देना चाहिये। हमारा उत्साह[5] धार्मिक लोभ में ही रहना चाहिये।

पाठक : इससे तो मालूम होता है कि आप पाखंडी बनने की तालीम देते हैं। धर्म के बारे में ऐसी बातें करके ठग लोग दुनिया को ठगते आये हैं और आज भी ठग रहे हैं।

संपादक : आप धर्म पर गलत आरोप[7] लगाते हैं। पाखंडी[6] तो सब धर्मों में है। जहाँ सूरज है वहाँ अँधेरा रहता ही है। परछाईं हरएक चीज के साथ जुडी रहती है। धार्मिक ठगों को आप दुनियवी ठगों से अच्छे पायेंगे। सभ्यता में जो पाखंड मैं आपको बता चुका हूँ, वैसा पाखंड धर्म में मैंने कभी नहीं देखा।

पाठक : यह कैसे कहा जा सकता है? धर्म के नाम पर हिन्दू-मुसलमान लड़े, धर्म के नाम पर ईसाइयों में बड़े बड़े युद्ध हुए। धर्म के नाम पर हजारों बेगुनाह लोग मारे गये, उनहें जला दिया गया? उन पर बड़ी-बड़ी मुसीबतें गुजारी गईं। यह तो सभ्यता से बदतर ही माना जायगा।

संपादक : तो मैं कहूँगा कि यह सब सभ्यता के दुख से ज्यादा बरदाश्त हो सकने जैसा है। आपने जो कुछ कहा वह पाखंड है, ऐसा सब लोग समझते हैं। इसलिए पाखंड में फँसे हुए लोग मर गए कि सारा सवाल हल हो गया। जहाँ भोले लोग हैं वहाँ ऐसा ही चलता रहेगा। लेकिन उसका असर हमेशा के लिए बुरा नहीं रहता। सभ्यता की होली में जो लोग जल मरे हैं, उनकी तो कोई हद ही नहीं है। उसकी खूबी यह है कि लोग उसे अक्ष्छा मानकर उसमें कूद पड़ते हैं। फिर वे न तो रहते दीन के और न रहते दुनिया के। वे सच बात को बिलकुल

1. तहजीव। 2. जुरजोश। 3. सुस्त। 4. दीनी। 5.जोश। 6. ढोंगी 7. तोहमत।

भूल जाते हैं। सभ्यता चूहे की तरह फूंककर काटती है। उसका असर जब हम जानेंगे तब पुराने वहम मुकाबले में हमें मीठे लगेंगे। मेरा कहना यह नहीं कि हमें उन वहमों को कायम रखना चाहिये। नहीं, उनके खिलाफ तो हम लड़ेंगे ही; लेकिन वह लड़ाई धर्म को भूल कर नहीं लड़ी जायगी, बल्कि सही तौर पर धर्म को समझकर और उसकी रक्षा करके लड़ी जायेगी।

पाठक : तब तो आप यह भी कहेंगे कि अंग्रेजों ने हिन्दुस्तान में शान्ति का जो सुख हमें दिया है वह बेकार है।

संपादक : आप भले शांति देखते हों, पर मैं तो शान्ति का सुख नहीं देखता।

पाठक : तब तो ठग, पिंडारी, भील वगैरा देश में जो त्रास[1] गुजारते थे उसमें आपके खयाल से कोई बुराई नहीं थी?

संपादक : आप जरा सोचेंगे तो मालूम होगा कि उनका त्रास बहुत कम था। अगर सचमुच उनका त्रास भयंकर होता, तो प्रजा का जड़मूल से कभी का नाश हो जाता। और, हालकी शान्ति तो नाम की है। मैं यह कहना चाहता हूँ कि इस शान्ति से हम नामर्द, नपुंसक और डरपोक बन गये हैं। भीलों और पिंडारियों का स्वभाव अंग्रेजों ने बदल दिया हैं, ऐसा हम न मान लें। हम पर ऐसा जुल्म होता हो तो हमें उसे बरदाश्त करना चाहिये। लेकिन दूसरे लोग हमें उस जुल्म से बचावें, यह तो हमारे लिए बिलकुल कलंक[2] जैसा है। हम कमजोर और डरपोक बनें, इससे तो भीलों के तीर–कमान से मरना मुझे ज्यादा पसंद है। उस हालत में जो हिन्दुस्तान था, उसका जोश कुछ दूसरा ही था। मैकॉले ने हिन्दुस्तानियों को नामर्द माना, वह उसकी अधम अज्ञान दशा को बताता है। हिन्दुस्तानी नामर्द कभी नहीं थे। यह जान लीजिये कि जिस देश में पहाड़ी लोग बसते हैं, जहाँ बाघ–भेड़िये रहते हैं, उस देश के रहने वाले अगर सचमुच डरपोक हों तो उनका नाश ही हो जाये। आप कभी खेतों में गये हैं? मैं आपसे यकीनन् कहता हूँ कि खेतों में हमारे किसान आज भी निर्भय[3] होकर सोते हैं, जब कि अंग्रेज ओर आप वहाँ सोने के लिए आनाकानी करेंगे। बल तो निर्भयता[4] में है; बदन पर मांस के लोंदे होने में बल नहीं है। आप थोड़ा भी सोचेंगे तो इस बात को समझ जायेंगे।

और आपको, जो स्वराज्य चाहने वाले हैं, मैं सावधान[5] करता हूँ कि भील, पिंडारी और ठग ये सब हमारे ही देशी भाई हैं। उन्हें जीतना मेरा और आपका काम है। जब तक आपके ही भाई का डर आपको रहेगा, तब तक आप कभी मक़सद हासिल नहीं कर सकेंगे।

---

1. जुल्म। 2. दाग। 3. निडर। 4. निडरता। 5. आगाह।

9.
हिन्दुस्तान की दशा–2
रेलगाड़ियाँ

पाठक : हिन्दुस्तान की शान्ति के बारे में मेरा जो मोह था वह आपने ले लिया। अब तो याद नहीं आता कि आपने मेरे पास कुछ भी रहने दिया हो।

संपादक : अब तक तो मैंने आपको सिर्फ धर्म की दशा का ही खयाल कराया है। लेकिन हिन्दुस्तान रंक[1] क्यों है, इस बारे में मैं अपने विचार आपको बताऊँगा तब तो शायद आप मुझसे नफ़रत ही करेंगे; क्योंकि आज तक हमने और अपने जिन चीजों को लाभकारी माना है, वे मुझे तो नुकसानदेह ही मालूम होती हैं।

पाठक : वे क्या है?

संपादक : हिन्दुस्तान को रेलों ने, वकीलों ने और डॉक्टरों ने कंगाल बना दिया है। यह एक ऐसी हालत है कि अगर हम समय पर नहीं चेतेंगे, तो चारों ओर से घिर कर बरबाद हो जायेंगे।

पाठक : मुझे डर है कि हमारे विचार कभी मिलेंगे या नहीं। आपने तो जो कुछ अच्छा देखने में आया है और अच्छा माना गया है, उसी पर धावा बोल दिया है! अब बाकी क्या रहा?

संपादक : आपको धीरज रखना होगा। सभ्यता नुकसान करने वाली कैसे है, यह तो मुश्किल से मालूम हो सकता है। डॉक्टर आपको बतलायेंगे कि क्षय का मरीज़ मौत के दिन तक भी जीने की आशा रखता है। क्षय का रोग बाहर दिखाई देने वाली हानि नहीं पहुँचाता और वह रोग आदमी को झूठी लाली देता है। इससे बीमार विश्वास में बहता रहता है और आखिर डूब जाता है। सभ्यता का भी ऐसा ही समझिये। वह एक अदृश्य[2] रोग है। उससे चेत कर रहिये।

पाठक : अच्छा, तो अब आप रेल–पुराण सुनाइये।

संपादक : आपके दिल में यह बात तुरन्त उठेगी कि अगर रेल न हो तो

---

1. कंगाल। 2. गैबी।

अंग्रेजों का काबू हिन्दुस्तान पर जितना है उतना तो नहीं ही रहेगा। रेल से महामारी फैली है। अगर रेलगाड़ी न हो तो कुछ ही लोग एक जगह से दूसरी जगह जायेंगे और इस कारण संक्रामक[1] रोग सारे देश में नहीं पहुँच पायेंगे। पहले हम कुदरती तौर पर ही 'सेग्रेगेशन' सूतक पालते थे। रेल से अकाल बढ़े हैं, क्योंकि रेलगाड़ी की सुविधा[2] के कारण लोग अपना अनाज बेच डालते हैं। जहाँ मंहगाई हो वहाँ अनाज खिंच जाता है, लोग लापरवाह बनते हैं और उससे अकाल का दुख बढ़ता है। रेल से दुष्टता[3] बढ़ती है। बुरे लोग अपनी बुराई तेजी से फैला सकते हैं। हिन्दुस्तानियों में जो पवित्र[4] स्थान थे, वे अपवित्र[5] बन गये हैं। पहले लोग बड़ी मुसीबत से वहाँ जाते थे। ऐसे लोग वहाँ सच्ची भावना से ईश्वर को भजने जाते थे; अब तो ठगों की टोली सिर्फ ठगने के लिए वहाँ जाती है।

पाठक : यह तो आपने इकतरफा बात कहीं। जैसे खराब लोग वहाँ जा सकते हैं वैसे अच्छे भी तो जा सकते हैं। वे क्यों रेलगाड़ी का पूरा लाभ नहीं लेते?

संपादक : जो अच्छा होता है वह बीरबहूटी की तरह धीरे चलता है। उसकी रेल से नहीं बनती। अच्छा करने वाले के मन में स्वार्थ नहीं रहता। वह जल्दी नहीं करेगा। वह जानता है कि आदमी पर अच्छी बात का असर डालने में बहुत समय लगता है। बुरी बात ही तेजी से बढ़ सकती है। घर बनाना मुश्किल है, तोड़ना सहज है। इसलिए रेलगाड़ी हमेशा दुष्टता का ही फैलाव करेगी, यह बराबर समझ लेना चाहिये। उससे अकाल फैलेगा या नहीं, इस बारे में कोई शास्त्रकार मेरे मन में घड़ी भर शंका पैदा कर सकता है; लेकिन रेल से दुष्टता बढ़ती है यह बात जो मेरे मन में जम गयी है वह मिटनेवाली नहीं है।

पाठक : लेकिन रेल का सबसे बड़ा लाभ दूसरे सब नुकसानों को भुला देता है। रेल है तो आज हिन्दुस्तानियों में एक-राष्ट्र का जोश देखने में आता है। इसलिए मैं तो कहूँगा कि रेल के आने से कोई नुकसान नहीं हुआ।

संपादक : यह आपकी भूल ही है। आपको अंग्रेजों ने सिखाया है कि आप एक-राष्ट्र नहीं थे और एक-राष्ट्र बनने में आपको सैकड़ों बरस लगेंगे। यह बात बिलकुल बेबुनियाद है। जब अंग्रेज हिन्दुस्तान में नहीं थे तब हम एक-राष्ट्र थे, हमारे विचार एक थे, हमारा रहन-सहन एक था। तभी तो अंग्रेजों ने यहां एक-राज्य कायम किया। भेद तो हमारी बीच में बाद में उन्होंने पैदा किये।

पाठक : यह बात मुझे ज्यादा समझनी होगी।

संपादक : मैं जो कहता हूँ वह बिना सोचे-समझे नहीं कहता। एक-राष्ट्र का यह अर्थ नहीं कि हमारे बीच कोई मतभेद नहीं था; लेकिन हमारे मुख्य लोग

---

1. फैलानेवाले। 2. सुभीता। 3. नीचता। 4. पाक। 5. नापाक

पैदल या बैलगाड़ी में हिन्दुस्तान का सफ़र करते थे, वे एक-दूसरे की भाषा सीखते थे और उनके बीच कोई अन्तर नहीं था। जिन दूरदर्शी[1] पुरुषों ने सेतुबंध रामेश्वर, जगन्नाथपुरी और हरद्वार की यात्रा ठहराई, उनका आपकी राय में क्या ख़याल होगा? वे मूर्ख नहीं थे, यह तो आप कबूल करेंगे। वे जानते थे कि ईश्वर-भजन घर बैठे भी होता है। उन्हीं ने हमें यह सिखाया है कि मन चंगा तो कठौती में गंगा। लेकिन उन्होनें सोचा कि कुदरत ने हिन्दुस्तान को एक-देश बनाया है, इसलिए वह एक-राष्ट्र होना चाहिये। इसलिए उन्होंने अलग-अलग स्थान तय करके लोगों को एकता का विचार इस तरह दिया, जैसा दुनिया में और कहीं नहीं दिया गया है। दो अंग्रेज जितने एक नहीं हैं उतने हम हिन्दुस्तानी एक थे और एक हैं। सिर्फ हम और आप जो खुद को सभ्य मानते हैं उन्हीं के मन में ऐसा आभास (भ्रम) पैदा हुआ कि हिन्दुस्तान में अलग-अलग राष्ट्र हैं। रेल के कारण हम अपने को अलग राष्ट्र मानने लगे और रेल के कारण एक-राष्ट्र का खयाल फिर से हमारे मन में आने लगा, ऐसा आप मानें तो मुझे हर्ज नहीं हैं अफ़ीमची कह सकता है कि अफीम के नुकसान का पता मुझे अफीम से चला, इसलिए अफीम अच्छी चीज है। यह सब आप अच्छी तरह सोचिये। अभी आपके मन में और भी शंकाएं उठेंगी। लेकिन आप खुद उन सबको हल कर सकेंगे।

पाठक : आपने जो कुछ कहा उस पर मैं सोचूँगा। लेकिन एक सवाल मेरे मन में इसी समय उठता है। मुसलमान हिन्दुस्तान में आये उसके पहले के हिन्दस्तान की बात आपने की। लेकिन अब तो मुसलमानों, पारसियों, ईसाइयों की हिन्दुस्तान में बड़ी संख्या है। वे एक-राष्ट्र नहीं हो सकते। कहा जाता है कि हिन्दू-मुसलमानों में कट्टर बैर है। हमारी कहावतें भी ऐसी ही हैं। 'मियां और महादेव की नहीं बनेगी।' हिन्दू पूर्व में ईश्वर को पूजता है, तो मुस्लिम पश्चिम से पूजता है। मुसलमान हिन्दू को बुतपरस्त—मूर्तिपूजक—मानकर उससे नफ़रत करता है। हिन्दू मूर्तिपूजक है, मुसलमान मूर्ति को तोड़नेवाला है। हिन्दू गाय को पूजता है, मुसलमान उसे मारता है। हिन्दू अहिंसक है, मुसलमान हिंसक। यों पग-पग पर जो विरोध[3] है, वह कैसे मिटे और हिन्दुस्तान एक कैसे हो?

---

1. दूरंदेश। 2. निश्चित की। 3. बेमल।

10.
हिन्दुस्तान की दशा–3
हिन्दू-मुसलमान

संपादक : आपका आखिरी सवाल बड़ा गम्भीर मालूम होता है। लेकिन सोचने पर वह सहज मालूम होगा। यह सवाल उठा है, उसका कारण भी रेल, वकील और डॉक्टर हैं। वकीलों और डॉक्टरों का विचार तो अभी करना बाकी है। रेलों का विचार हम कर चुके। इतना मैं जोड़ता हूँ कि मनुष्य इस तरह पैदा किया गया है कि अपने हाथ-पैर से बने उतनी ही आने-जाने वगैरा की हलचल उसे करनी चाहिये। अगर हम रेल वगैरा साधनों से दौड़ धूप करें ही नहीं, तो बहुत पेचीदे सवाल हमारे सामने आयेंगे ही नहीं। हम खुद होकर दुख को न्योतते हैं। भगवान ने मनुष्य की हद उसके शरीर की बनावट से ही बाँध दी, लेकिन मनुष्य ने उस बनावट की हद को लाँघने के उपाय[1] ढूँढ़ निकाले। मनुष्य को अकल इसलिए दी गई है कि उसकी मदद से वह भगवान को पहचाने। पर मनुष्य ने अक़ल का उपयोग भगवान को भूलने में किया। मैं अपनी कुदरती हद के मुताबिक अपने आसपास रहने वालों की ही सेवा कर सकता हूँ; पर मैंने तुरन्त अपनी मगरूरी में ढूँढ़ निकाला कि मुझे तो सारी दुनिया की सेवा अपने तन से करनी चाहिये। ऐसा करने में अनेक धर्मों के और कई तरह के लोगों का साथ होगा। यह बोझ मनुष्य उठा ही नहीं सकता और इसलिए अकुलाता है। इस विचार से आप समझ लेंगे कि रेलगाड़ी सचमुच एक तूफानी साधन है। मनुष्य रेलगाड़ी का उपयोग करके भगवान को भूल गया है।

पाठक : पर मैं तो अब तो सवाल मैंने उठाया है उसका जवाब सुनने को अधीर हो रहा हूँ। मुसलमानों के आने से हमारा एक-राष्ट्र रहा या मिटा?

संपादक : हिन्दुस्तानियों चाहे जिस धर्म के आदमी हर सकते हैं; उससे वह एक-राष्ट्र मिटनेवाला नहीं है। जो नये लोग उसमें दाखिल होते हैं, वे उसकी

---

1. तरकीब।

प्रजा को तोड़ नहीं सकते, वे उसकी प्रजा में घुलमिल जाते हैं। ऐसा हो तभी कोई मुल्क एक-राष्ट्र माना जायगा। ऐसे मुल्क में दूसरे लोगों का समावेश करने का गुण होना चाहिये। हिन्दुस्तान ऐसा था और आज भी है। यों तो जितने आदमी उतने धर्म ऐसा मान सकते हैं। एक-राष्ट्र होकर रहने वाले लोग एक-दूसरे के धर्म के दखल नहीं देते; अगर देते हैं तो समझना चाहिये कि वे एक-राष्ट्र होने के लायक नहीं है। अगर हिन्दू माने कि सारा हिन्दुस्तान सिर्फ हिन्दुओं से भरा होना चाहिये, तो यह एक निरा सपना है। मुसलमान अगर ऐसा मानें कि उसमें सिर्फ मुसलमान ही रहें, तो उसे ही सपना ही समझिये। फिर भी हिन्दू, मुसलमान, पारसी, ईसाई, जो इस देश को अपना वतन मानकर बस चुके हैं एक-देशी, एक-मुल्की हैं, वे देशी-भाई हैं, और उन्हें एक-दूसरे के स्वार्थ के लिए भी एक होकर रहना पड़ेगा।

दुनिया के किसी भी हिस्से में एक-राष्ट्र का अर्थ एक-धर्म नहीं किया गया है; हिन्दुस्तान में तो ऐसा था ही नहीं।

पाठक : लेकिन दोनों कौमों के कट्टर बैर का क्या?

संपादक : 'कट्टर बैर' शब्द दोनों के दुश्मनों ने खोज निकाला है। जब हिन्दू-मुसलमान झगड़ते थे तब वे ऐसी बातें भी करते थे। झगड़ा तो हमारा सबका बंद हो गया है। फिर कट्टर बैर काहे का? और इतना याद रखिये कि अंग्रेजों के आने के बाद ही हमारा झगड़ा बन्द हुआ ऐसा नहीं है। हिन्दू लोग मुसलमान बादशाहों के मातहत और मुसलमान हिन्दू राजाओं के मातहत रहते आये हैं। दोनों को बाद में समझ में आ गया कि झगड़ने से कोई फायदा नहीं; लड़ाई से कोई अपना धर्म नहीं छोड़ेंगे और कोई अपनी जिद भी नहीं छोड़ेंगे। इसलिए दोनों ने मिलकर रहने का फैसला किया। झगड़े तो फिर से अंग्रेजों ने शुरू करवाये।

'मियां और महादेव की नहीं बनती' इस कहावत को भी ऐसा ही समझिये। कुछ कहावतें हमेशा के लिए रह जाती हैं और नुकसान करती ही रहती हैं। हम कहावत की धुन में इतना भी याद नहीं रखते कि बहुतेरे हिन्दुओं और मुसलमानों के बाप-दादे एक ही थे, हमारे अंदर एक ही खून है। क्या धर्म बदला इसलिए हम आपस में दुश्मन बन गये? धर्म तो एक ही जगह पहुँचने के अलग-अलग रास्ते हैं। हम दोनों अलग-अलग रास्ते लें, इससे क्या हो गया? उसमें लड़ाई काहे की?

और ऐसी कहावतें तो शैवों और वैष्णवों में भी चलती हैं; पर इससे कोई यह नहीं कहेगा कि वे एक-राष्ट्र नहीं हैं। वेदधर्मियों और जैनों के बीच बहुत फर्क माना जाता है, फिर भी इससे वे अलग राष्ट्र नहीं बन जाते। हम गुलाम हो गये हैं, इसीलिए अपने झगड़े हम तीसरे के पास ले जाते हैं।

जैसे मुसलमान मूर्ति का खंडन करने वाले हैं, वैसे हिन्दुओं में भी मूर्ति का खंडन करनेवाला एक वर्ग देखने में आता है। ज्यों-ज्यों सही ज्ञान बढ़ेगा त्यों -त्यों हम समझते जायेंगे कि हमें पसन्द न आनेवाला धर्म दूसरा आदमी पालता हो, तो भी उससे बैरभाव रखना हमारे लिए ठीक नहीं; हम उस पर जबरदस्ती न करें।

पाठक : अब गोरक्षा के बारे में अपने विचार बताइये।

संपादक : मैं खुद गाय को पूजता हूँ यानी मान देता हूँ। गाय हिन्दुस्तान की रक्षा करनेवाली है, क्योंकि उसकी संतान पर हिन्दुस्तान का, जो खेती-प्रधान देश है, आधार है। गाय कई तरह से उपयोगी जानवर है। वह उपयोगी जानवर है, यह तो मुसलमान भाई भी कबूल करेंगे।

लेकिन जैसे मैं गाय को पूजता हूँ वैसे मैं मनुष्य को भी पूजता हूँ। जैसे गाय उपयोगी है वैसे मनुष्य भी–फिर चाहे वह मुसलमान हो या हिन्दू–उपयोगी है। तब क्या गाय को बचाने के लिए मैं मुसलमान से लडूँगा? क्या उसे मैं मारूँगा? ऐसा करने से मैं मुसलमान और गाय का भी दुश्मन बनूँगा। इसलिए मैं कहूँगा कि गाय की रक्षा करने का एक यही उपाय है कि मुझे अपने मुसलमान भाई के सामने हाथ जोड़ने चाहिये और उसे देश के खातिर गाय को बचाने के लिए समझाना चाहिये। अगर वह न समझे तो मुझे गाय को मरने देना चाहिये, क्योंकि वह मेरे बस की बात नहीं। अगर मुझे गाय पर अत्यंत[1] दया आती हो तो अपनी जान दे देनी चाहिये, लेकिन मुसलमान की जान नहीं लेनी चाहिये। वही धार्मिक कानून है, ऐसा मैं तो मानता हूँ।

'हां' और 'नहीं' के बीच हमेशा बैर रहता है। अगर मैं वाद-विवाद[2] करूंगा, तो मुसलमान भी वाद-विवाद करेगा। अगर मैं टेढ़ा बनूँगा, तो वह भी टेढ़ा बनेगा। अगर मैं बालिश्त भर नमूँगा, तो वह हाथ भर नमेगा; और अगर वह नहीं भी नमे तो मेरा नमना गलत नहीं कहलायेगा। जब हमने जिद की तब गोकुशी बढ़ी। मेरी राय है कि गोरक्षा प्रचारिणी सभा गोवध प्रचारिणी सभा मानी जानी चाहिये। ऐसी सभा का होना हमारे लिए बदनामी की बात है। जब गाय की रक्षा करना हम भूल गये तब ऐसी सभा की ज़रूरत पड़ी होगी।

मेरा भाई गाय को मारने दौड़े, तो मैं उसके साथ कैसा बरताव करूँगा? उसे मारूँगा या उसके पैरों में पडूँगा? अगर आप कहें कि मुझे उसके पाँव पड़ना चाहिये, तो मुझे मुसलमान भाई के भी पाँव पड़ना चाहिये।

गाय को दुख देकर हिन्दू गाय का वध करता है; इससे गाय को कौन छुड़ाता

---

1. बेहद। 2. बहस।

है? जो हिन्दू गाय की औलाद[1] को पैना (आर) भोंकता है, उस हिन्दू को कौन समझाता है? इससे हमारे एक-राष्ट्र होने में कोई रुकावट नहीं आई है।

अंत में, हिन्दू अहिंसक और मुसलमान हिंसक है, यह बात अगर सही हो तो अहिंसक का धर्म क्या है? अहिंसक को आदमी की हिंसा करनी चाहिये, ऐसा कहीं लिखा नहीं है। अहिंसक के लिए तो राह सीधी है। उसे एक को बचाने के लिए दूसरे की हिंसा करनी ही नहीं चाहिये। उसे तो मात्र चरणवंदना करनी चाहिये, सिर्फ समझाने का काम करना चाहिये। इसी में उसका पुरुषार्थ[2] है।

लेकिन क्या तमाम हिन्दू अहिंसक हैं? सवाल की जड़ में जाकर विचार करने पर मालूम होता है कि कोई भी अहिंसक नहीं हैं, क्योंकि जीव को तो हम मारते ही हैं। लेकिन इस हिंसा से हम छूटना चाहते हैं, इसलिए अहिंसक (कहलाते) हैं। साधारण विचार करने से मालूम होता है कि बहुत से हिन्दू मांस खाने वाले हैं, इसलिए वे अहिंसक नहीं माने जा सकते। खींच-तानकर दूसरा अर्थ करना हो तो मुझे कुछ कहना नहीं है। जब ऐसी हालत है तब मुसलमान हिंसक और हिन्दू अहिंसक हैं, इसलिए दोनों की नहीं बनेगी, वह सोचना बिलकुल गलत है।

ऐसे विचार स्वार्थी धर्मशिक्षकों, शास्त्रियों और मुल्लाओं ने हमें दिये हैं। और इसमें जो कमी रह गई थी, उसे अंग्रेजों ने पूरा किया है। उन्हें इतिहास लिखने की आदत है; हर एक जाति के रीति-रिवाज जानने का वे दंभ[3] करते हैं। ईश्वर ने हमारा मन तो छोटा बनाया है, फिर भी वे ईश्वरी दावा करते आये हैं और तरह-तरह के प्रयोग[4] करते हैं। वे अपने बाजे खुद बजाते हैं और हमारे मन में अपनी बात सही होने का विश्वास जमाते हैं। हम भोलेपन में उस सब पर भरोसा कर लेते हैं।

जो टेढ़ा नहीं देखना चाहते वे देख सकेंगे कि कुरान शरीफ़ में ऐसे सैकड़ों वचन हैं, जो हिन्दुओं को मान्य[5] हो; भगवद्गीता में ऐसी बातें लिखी हैं कि जिनके खिलाफ़ मुसलमान को कोई भी एतराज नहीं हो सकता। कुरान शरीफ़ का कुछ भाग मैं न समझ पाऊं या कुछ भाग मुझे पसंद न आये, इस वजह से क्या मैं उसे मानने वाले से नफ़रत करूँ? झगड़ा दो से ही हो सकता है। मुझे झगड़ा नहीं करना हो, तो मुसलमान क्या करेगा? और मुसलमान को झगड़ा न करना हो, तो मैं क्या कर सकता हूँ? हवा में हाथ उठाने वाले का हाथ उखड़ जाता है। सब अपने-अपने धर्म का स्वरूप समझकर उससे चिपके रहें और शास्त्रियों व मुल्लाओं को बीच में न आने दें, तो झगड़े का मुँह हमेशा के लिए काला ही रहेगा।

---

1. बैल को। 2. बहादुरी। 3. दिखावा। 4. आजमाइश। 5. मंजूर

पाठक : अंग्रेज दोनों क़ौमों का मेल होने देंगे?

संपादक : यह सवाल डरपोक आदमी का है। यह सवाल हमारी हीनता को दिखाता है। अगर दो भाई चाहते हों कि उनका आपस में मेल बना रहे, तो कौन उनके बीच में आ सकता है? अगर तीसरा आदमी दोनों के बीच झगड़ा पैदा कर सके, तो उन भाईयों को हम कच्चे दिल के कहेंगे। उसी तरह अगर हम हिन्दू और मुसलमान कच्चे दिल के होंगे, तो फिर अंग्रेजों का कसूर निकालना बेकार होगा। कच्चा घड़ा एक कंकड़ से नहीं तो दूसरे कंकड़ से फूटेगा ही। घड़े को बचाने का रास्ता यह नहीं है कि उसे कंकड़ से दूर रखा जाय, बल्कि यह है कि उसे पक्का बनाया जाय, जिससे कंकड़ का भय ही न रहे। उसी तरह हमें पक्के दिल के बनना है। हम दोनों में से कोई एक (भी) पक्के दिल का होगा, तो तीसरे की कुछ नहीं चलेगी। यह काम हिन्दू आसानी से कर सकते हैं। उनकी संख्या बड़ी हैं, वे अपने को ज्यादा पढ़े-लिखे मानते हैं; इसलिए वे पक्का दिल रख सकते हैं।

दोंनों कौमो के बीच अविश्वास[1] है, इसलिए मुसलमान लॉर्ड मॉर्ले से कुछ हक मांगते हैं। इसमें हिन्दू क्यों विरोध करें? अगर हिन्दू विरोध न करें, तो अंग्रेज चौंकेंगे, मुसलमान धीरे-धीरे हिन्दुओं का भरोसा करने लगेंगे और दोनों का भाई चारा बढ़ेगा। अपने झगड़े अंग्रेजी के पास ले जाने में हमें शरमाना चाहिए। ऐसा करने से हिन्दू कुछ खोनेवाले नहीं हैं; इसका हिसाब आप खुद लगा सकेंगे। जिस आदमी ने दूसरे पर विश्वास किया, उसने आज तक कुछ खोया नहीं है।

मैं यह नहीं कहना चाहता कि हिन्दू-मुसलमान कभ झगड़ेंगे ही नहीं। दो भाई साथ रहें तो उनके बीच तकरार होती है। कभी हमारे सिर भी फूटेंगे। ऐसा होना ज़रूरी नहीं है, लेकिन सब लोग एक सी अकल के नहीं होते। दोनों जोश में आते हैं तब अकसर गलम काम कर बैठते हैं। उन्हें हमें सहन करना होगा। लेकिन ऐसी तकरार को भी बड़ी वकालत बघारकर हम अंग्रेजों की अदालत में न ले जायें। दो आदमी लड़ें, लड़ाई में दोनों के सिर या एक का सिर फूटे, तो उसमें तीसरा क्या न्याय करेगा? जो लड़ेंगे वे जख्मी भी होंगे। बदन से बदन टकरायेगा तब कुछ निशानी तो रहेगी ही। उसमें न्याय क्या हो सकता है?

---

1. नाएतबार

11.
हिन्दुस्तान की दशा–4
वकील

पाठक : आप कहते हैं कि दो आदमी झगड़ें तब उसका न्याय भी नहीं कराना चाहिये। यह तो आपने अजीब बात कही।

संपादक : इसे अजीब कहिये या दूसरा कोई विशेषण[1] लगाइये, पर बात सही है। आपकी शंका हमें वकील–डॉक्टरों की पहचान कराती है। मेरी राय है कि वकीलों ने हिन्दुस्तान को गुलाम बनाया है, हिन्दू–मुसलमानों के झगड़े बढ़ाये हैं और अंग्रेजी हुकूमत को यहाँ मजबूत किया है।

पाठक : ऐसे इलजाम लगाना आसान है, लेकिन उन्हें साबित करना मुश्किल होगा। वकीलों के सिवा दूसरा कौन हमें आज़ादी का मार्ग बताता? उनके सिवा गरीबों का बचाव कौन करता? उनके सिवा कौन हमें न्याय दिलाता? देखिये, स्व. मनमोहन घोष ने कितनों को बचाया? खुद एक कौड़ी भी उन्होंने नहीं ली। कांग्रेस, जिसके आपने ही बखान किये हैं, वकीलों से निभती है और उनकी मेहनत से ही उसमें काम होते हैं। इस वर्गकी[2] आप निंदा करें, यह इन्साफ़ के साथ गैर–इन्साफ़ करने जैसा है। वह तो आपके हाथ में अखबार आया इसलिए चाहे जो बोलने की छूट लेने जैसा लगता है।

संपादक : जैसा आप मानते हैं वैसा ही मैं भी एक समय मानता था। वकीलों ने कभी कोई अच्छा काम नहीं किया, ऐसा मैं आपसे नहीं कहना चाहता। मि. मनमोहन घोष की मैं इज़्ज़त करता हूँ। उन्होंने गरीबों की मदद की थी यह बात सही है। कांग्रेस में वकीलों ने कुछ काम किया है, यह भी हम मान सकते हैं। वकील भी आखिर मनुष्य हैं; और मनुष्य जाति में कुछ तो अच्छाई है ही। वकीलों की भलमनसी के जो बहुत से किस्से देखने में आते हैं, वे तभी हुए जब वे अपने को वकील समझना भूल गये। मुझे तो आपको सिर्फ यही दिखाना है कि उनका धंधा उन्हें अनीति सिखानेवाला है। वे बुरे लालच में फँसते हैं, जिसमें से उबरने वाले बिरले ही होते हैं।

---

1. सिफ़त। 2. जमात।

हिन्दू-मुसलमान आपस में लड़े हैं। तटस्थ[1] आदमी उनसे कहेगा कि आप गयी-बीती को भूल जायें; इसमें दोनों का कसूर रहा होगा। अब दोनों मिलकर रहिये। लेकिन वे वकील के पास जाते हैं। वकील का फ़र्ज हो जाता है कि वह मुवक्किलकी ओर जोर लगाये। मुवक्किल के खयाल में भी न हों ऐसी दलीलें मुवक्किल की ओर से ढूंढ़ना व़कील का काम है। अगर वह ऐसा नही करता तो माना जायगा कि वह अपने पेशे को बट्टा लगाता है। इसलिए वकील तो आम तौर पर झगड़ा आगे बढ़ाने की ही सलाह देगा।

लोग दूसरों का दुख दूर करने के लिए नहीं, बल्कि पैसा पैदा करने के लिए वकील बनते हैं। वह एक कमाई का रास्ता है। इसलिए वकील का स्वार्थ झगड़ा बढ़ाने में है। वह तो मेरी जानी हुई बात है कि जब झगड़े होते हैं तब वकील खुश होते हैं। मुख़तार लोग भी वकील की जात के हैं। जहाँ झगड़े नहीं होते वहाँ भी वे झगड़े खड़े करते हैं। उनके दलाल जोंक की तरह गरीब लोगों से चिपकते हैं और उसका खून चूस लेते हैं। वह पेशा ऐसा है कि उसमें आदमियों को झगड़े के लिए बढ़ावा मिलता ही है। वकील लोग निठल्ले होते हैं। आलसी लोग ऐश-आराम करने के लिए वकील बनते हैं। यह सही बात है। वकालत का पेशा बड़ा आबरूदार पेशा है, ऐसा खोज निकालनेवाले भी वकील ही हैं। कानून वे बनाते हैं, उसकी तारीफ़ भी वे ही करते हैं। लोगों से क्या दाम लिये जायें, यह भी वे ही तय करते हैं; और लोगों पर रोब जमाने के लिए आडंबर[2] ऐसा करते हैं, मानो वे आसमान से उतर कर आये हुए देवदूत[3] हों!

वे मजदूर से ज्यादा रोज़ी क्यों माँगते हैं? उनकी ज़रूरतें मज़दूर से ज्यादा क्यों हैं? उन्होंने मज़दूर से ज्यादा देश का क्या भला किया है? क्या भला करने वाले को ज्यादा पैसा लेने का हक है? और अगर पैसे के खातिर उन्होंने भला किया हो, तो उसे भला कैसे कहा जाय? यह तो उस पेशे का जो गुण है वह मैंने बताया।

वकीलों के कारण हिन्दू-मुसलमानों के बीच कुछ दंगे हुए हैं, यह तो जिन्हें अनुभव है वे जानते होंगे। उनसे कुछ खानदान बरबाद हो गये हैं। उनकी बदौलत भाईयों में ज़हर दाखिल हो गया है। कुछ रियासतें वकीलों के जाल में फँसकर कर्ज़दार हो गयी हैं। बहुत से गरसिये[4] इन वकीलों की कारस्तानी से लुट गये हैं। ऐसी बहुत-सी मिसालें दी जा सकती हैं।

लेकिन वकीलों से बड़े-से बड़ा-नुकसान तो यह हुआ है कि अंग्रेजों का जुआ हमारी गर्दन पर मजबूत जम गया है। आप सोचिये। क्या आप मानते हैं कि अंग्रेजी अदालतें यहाँ न होतीं तो वे हमारे देश में राज कर सकते थे? ये अदालतें

---

1. बेतरफ़दार। 2. दिखावा। 3. फरिश्ते। 4. राजवंशी जागीरदार।

लोगों के भले के लिए नहीं हैं। जिन्हें अपनी सत्ता कायम रखनी है, वे अदालतों के ज़रिये लोगों को बस में रखते हैं। लोग अगर खुद अपने झगड़े निबटा लें, तो तीसरा आदमी उन पर अपनी सत्ता नहीं जमा सकता। सचमुच जब लोग खुद मार-पीट करके या रिश्तेदारों को पंच बनाकर अपना झगड़ा निबटा लेते थे तब वे बहादुर थे। अदालतें आयीं और वे कायर बन गये। लोग आपस में लड़ कर झगड़े मिटायें, यह जंगली माना जाना था। अब तीसरा आदमी झगड़ा निपटाता है यह क्या कम जंगलीपन है? क्या कोई ऐसा कह सकेगा कि तीसरा आदमी जो फैसला देता है वह सही फैसला ही होता है? कौन सच्चा है, यह दोनों पक्ष के लोग जानते हैं। हम भोलेपन में मान लेते हैं कि तीसरा आदमी हमसे पैसे लेकर हमारा इन्साफ करता है।

इस बात को अलग रखें। हकीकत तो यही दिखानी है कि अंग्रेजों ने अदालत के ज़रिये हम पर अंकुश जमाया है और अगर हम वकील न बनें तो ये अदालतें चल ही नहीं सकतीं। अगर अंग्रेज ही जज होते, अंग्रेज ही वकील होते और अंग्रेज ही सिपाही होते, तो वे सिर्फ़ अंग्रेजों पर ही राज करते। हिन्दुस्तानी जज और हिन्दुस्तानी वकील के बगैर उनका काम चल नहीं सका। वकील कैसे पैदा हुए, उन्होंने कैसी धांधल मचाई, यह सब अगर आप समझ सकें, तो मेरे जितनी ही नफ़रत आपको भी इस पेशे के लिए होगी। अंग्रेजी सत्ता की एक मुख्य[1] कुंजी उनकी अदालतें हैं और अदालतों की कुंजी वकील हैं। अगर वकील वकालत करना छोड़ दें और वह पेशा वेश्या के पेशे जैसा नीच माना जाय, तो अंग्रेजी राज एक दिन में टूट गया। वकीलों ने हिन्दुस्तानी प्रजा पर यह तोहमत लगवाई है कि हमें झगड़े प्यारे हैं और हम कोर्ट-कचहरी रूपी पानी की मछलियां हैं।

जो शब्द मैं वकीलों के लिए इस्तेमाल करता हूँ, वे ही शब्द जजों पर भी लागू होते हैं। ये दोनों मौसेरे भाई हैं और एक-दूसरे को बल देने वाले हैं।

12.
हिन्दुस्तान की दशा–5
डॉक्टर

पाठक : वकीलों की बात तो हम समझ सकते हैं। उन्होंने जो अच्छा काम किया है वह जान-बूझकर नहीं किया, ऐसी यकीन होता है। बाकी उनके धंधे कों देखा जाय तो वह कनिष्ठ[2] ही है। लेकिन आप तो डॉक्टरों को भी उनके

1. बड़ी। 2. बहुत हलका

साथ घसीटते हैं। यह कैसे?

सपांदक : मैं जो विचार आपके सामने रखता हूँ, वे इस समय तो मेरे अपने ही हैं। लेकिन ऐसे विचार मैंने ही किये हैं सो बात नहीं। पश्चिम के सुधारक खुद मुझसे ज्यादा सख्त शब्दों में इन धंधों के बारे में लिख गये हैं। उन्होंने वकीलों और डॉक्टरों की बहुत निंदा की है। उनमें से एक लेखक ने एक ज़हरी पेड़ का चित्र खींचा है, वकील-डॉक्टर वगैरा निकम्मे धंधेवालों को उसकी शाखाओं के रूप में बताया है और उस पेड़ के तने पर नीति-धर्म की कुल्हाड़ी उठाई है। अनीति को इन सब धंधों की जड़ बताया है। इससे आप यह समझ लेंगे कि मैं आपके सामने अपने दिमाग से निकाले हुए नये विचार नहीं रखता, लेकिन दूसरों का और अपना अनुभव आपके सामने देखता हूँ।

डॉक्टरों के बारे में जैसे आपको अभी मोह है वैसे कभी मुझे भी था। एक समय ऐसा था जब मैंने खुद डॉक्टर होने का इरादा किया था और सोचा था कि डॉक्टर बनकर कौम की सेवा करूँगा। मेरा यह मोह अब मिट गया है। हमारे समाज में वैद्य का धंधा कभी अच्छा माना ही नहीं गया, इसका भान अब मुझे हुआ है; और उस विचार की कीमत मैं समझ सकता हूँ।

अंग्रेजों ने डॉक्टरी विद्या से भी हम पर काबू जमाया है। डॉक्टरों में दंभ की भी कमी नहीं है। मुगल बादशाह को भरमाने वाला एक अंग्रेज डॉक्टर ही था। उसने बादशाह के घर में कुछ बीमारी मिटाई, इसलिए उसे सिरोपाव मिला। अमीरों के पास पहुंचने वाले भी डॉक्टर ही हैं।

डॉक्टरों ने हमें जड़ से हिला दिया है। डॉक्टरों से नीम-हकीम ज्यादा अच्छे, ऐसा कहने का मेरा मन होता है। इस पर हम कुछ विचार करें।

डॉक्टरों का काम सिर्फ़ शरीर को संभालने का है; या शरीर को संभालने का भी नहीं है। उनका काम शरीर में जो रोग पैदा होते हैं उन्हें दूर करने का है। रोग क्यों होते हैं? हमारी ही गफ़लत से। मैं बहुत खाऊँ और मुझे बदहजमी, अजीरन हो जाय; फिर मैं डॉक्टरों के पास जाऊँ और वह मुझे गोली दे; गोली खाकर मैं चंगा हो जाऊँ और दुबारा खूब खाऊँ और फिर से गोली लूँ। अगर मैं गोली न लेता तो अजीरन की सजा भुगतता और फिर से बेहद नहीं खाता। डॉक्टर बीच में आया और उसने हद से ज्यादा खाने में मेरी मदद की। उससे मेरे शरीर को तो आराम हुआ, लेकिन मेरा मन कमज़ोर बना। इस तरह आखिर मेरी यह हालत होगी कि मैं अपने मन पर जरा भी काबू न रख सकूँगा।

मैंने विलास किया, मैं बीमार पड़ा; डॉक्टर ने मुझे दवा दी और मैं चंगा हुआ। क्या मैं फिर से विलास नहीं करूँगा? ज़रूर करूँगा। अगर डॉक्टर बीच में न आता तो कुदरत अपना काम करती, मेरा मन मजबूत बनता और अन्त में निर्विषयी[1] होकर मैं सुखी होता।

अस्पतालें पाप की जड़ हैं। उनकी बदौलत लोग शरीर का जतन कम करते हैं और अनीति को बढ़ाते हैं।

यूरोप के डॉक्टर तो हद करते हैं। वे सिर्फ़ शरीर के ही गलत जतन के लिए लाखों जीवों को हर साल मारते हैं, ज़िंदा जीवों पर प्रयोग करते हैं। ऐसा करना किसी भी धर्म को मंजूर नहीं। हिन्दू, मुसलमान, ईसाई, जरथोस्ती– सब धर्म कहते हैं कि आदमी के शरीर के लिए इतने जीवों को मारने की ज़रूरत नहीं।

डॉक्टर हमें धर्मभ्रष्ट[2] करते हैं। उनकी बहुत सी दवाओं में चरबी या दारू होती है। इन दोनों में से एक भी चीज हिन्दू-मुसलमानों को चल सके ऐसी नहीं है। हम सभ्य होने का ढोंग करके, दूसरों को वहमी मानकर और बे-लगाम[3] होकर चाहे सो करते रहें; यह दूसरी बात है। लेकिन डॉक्टर हमें धर्म से भ्रष्ट करते हैं, यह साफ और सीधी बात है।

इसका परिणाम[4] यह आता है कि हम निःसत्ता[5] और नामर्द बनते हैं। ऐसी दशा में हम लोकसेवा करने लायक नहीं रहते और शरीर से क्षीण[6] और बुद्धिहीन[7] होते जा रहे हैं। अंग्रेजी या यूरोपियन डॉक्टरी सीखना गुलामी की गाँठ को मजबूत बनाने जैसा है।

हम डॉक्टरों क्यों बनते हैं, यह भी सोचने की बात है। उसका सच्चा कारण तो आबरूदार और पैसा कमाने का धंधा करने की इच्छा है। उसमें परोपकार की बात नहीं है। उस धन्धे में परोपकार नहीं है, यह तो मैं बता चुका। उससे लोगों को नुकसान होता है। डॉक्टर सिर्फ़ आडम्बर दिखाकर ही लोगों से बड़ी फीस वसूल करते हैं और अपनी एक पैसे की दवा के कई रुपये लेते हैं। यों विश्वास में और चंगे हो जाने की आशा में लोग डॉक्टरों से ठगे जाते हैं। जब ऐसा ही है तब भलाई का दिखावा करने वाले डॉक्टरों से खुले ठग-वैद्य (नीम-हकीम ज्यादा अच्छे।

13.
सच्ची सभ्यता कौनसी?

पाठक : आपने रेल को रद कर दिया, वकीलों की निन्दा की, डॉक्टरों को दबा दिया। तमाम कलकाम[8] को भी आप नुकसान देह मानेंगे, ऐसा मैं देख सकता हूँ। तब सभ्यता[9] कहें तो किसे कहें?

संपादक : इस सवाल का जवाब मुश्किल नहीं है। मैं मानता हूँ कि जो सभ्यता हिन्दुस्तान ने दिखायी है, उसको दुनिया में कोई नहीं पहुँच सकता। जो

---

1. बे-नन्स-परस्त। 2. बेदीन। 3. स्वच्छंद। 4. नतीजा। 5. जिसमें कुछ दम न हो। 6. कमज़ेर। 7. बेअक्ल। 8. यंत्रकाम। 9. तहजीब।

बीज हमारे पुरखों ने बोय हैं, उनकी बराबरी कर सके ऐसी कोई चीज देखने में नहीं आयी। रोम मिट्टी में मिल गया, ग्रीस का सिर्फ़ नाम ही रह गया, मिस्र की बादशाही चली गई, जापान पश्चिम के शिकंजे में फँस गया और चीन का कुछ भी कहा नहीं जा सकता। लेकिन गिरा-टूटा जैसा भी हो, हिन्दुस्तान आज भी अपनी बुनियाद में मजबूत है।

जो रोम और ग्रीस गिर चुके हैं, उनकी किताबों से यूरोप के लोग सीखते हैं। उनकी गलतियां वे नहीं करेंगे ऐसा गुमान[1] रखते हैं। ऐसी उनकी कंगाल हालत है, जब कि हिन्दुस्तान अचल है, अडिग है। यही उसका भूषण है। हिन्दुस्तान पर आरोप लगाया जाता है कि वह ऐसा जंगली, ऐसा अज्ञान है कि उससे जीवन में कुछ फेरबदल कराये ही नहीं जा सकते। यह आरोप हमारा गुण[2] है, दोष[3] नहीं। अनुभव[4] से जो हमें ठीक लगा है, उसे हम क्यों बदलेंगे? बहुत से अकल देने वाले आते-जाते रहते हैं, पर हिन्दुस्तान अडिग रहता है। यह उसकी खूबी है, यह उसका लंगर है।

सभ्यता वह आचरण[5] है जिससे आदमी अपना फर्ज अदा करता है। फर्ज अदा करने के मानी है नीति का पालन करना। नीति के पालन का मतलब है अपने मन और इन्द्रियों को बस में रखना। ऐस करते हुए हम अपने को (अपनी असलियत को) पहचानते हैं। यही सभ्यता है। इससे जो उलटा है वह बिगाड़ करने वाला है।

बहुत से अंग्रेज लेखक लिख गये हैं कि ऊपर की व्याख्या[6] में मुताबिक हिन्दुस्तान को कुछ भी सीखना बाकी नहीं रहता।

यह बात ठीक है। हमने देखा कि मनुष्य की वृत्तियाँ[7] चंचल हैं। उसका मन बेकार की दौड़धूप किया करता है। उसका शरीर जैसे-जैसे ज्यादा दिया जाय वैसे-वैसे ज्यादा माँगता है। ज्यादा लेकर भी वह सुखी नहीं होता। भोग भोगने से भोग की इच्छा बढ़ती जाती है। इसलिए हमारे पुरखों ने भोग की हद बाँध दी। बहुत सोचकर उन्होंने देखा कि सुख-दुःख तो मन के कारण हैं। अमीर अपनी अमीरीकी वजह से सुखी नहीं है, गरीब अपनी गरीबी के कारण दुखी नहीं हैं। अमीर दुखी देखने में आता है और गरीब सुखी देखने में आता है। करोड़ों लोग तो गरीब ही रहेंगे। ऐसा देखकर उन्होंने भोग की वासना[8] छुड़वाई। हजारों साल पहले जो हल काम में लिया जाता था, उससे हमने काम चलाया। हजारों साल पहले जैसे झोंपड़े थे, उन्हें हमने कायम रखा। हजारों साल पहले जैसी हमारी शिक्षा[9] थी वही चलती आई। हमने नाशकारक होड़ को समाज में जगह नहीं दी; सब अपना-अपना धंधा करते रहे। उसमें उन्होंने दस्तूर के मुताबिक दाम लिए। ऐसा नहीं था कि हमें यंत्र वगैरा की खोज करना ही नहीं आता था। लेकिन हमारे

---

1. अभिमान। 2. सिफ़त। 3. नुक्स। 4. तजरबा। 5. बरताब। 6. तशरीह 7. भावनाएं। 8. ख़्वाहिश। 9. तालीम

पूर्वजों ने देखा कि लोग अगर यंत्र वगैरा की झंझट में पड़ेंगे, तो गुलाम बनेंगे और अपनी नीति को छोड़ देंगे। उन्होंने सोच-समझकर कहा कि हमें अपने हाथ-पैरों से जो काम हो सके वही करना चाहिये। हाथ-पैरों का इस्तेमाल करने में ही सच्चा सुख है, उसी में तन्दुरुस्ती है।

उन्होंने सोचा कि बड़े शहर खड़े करना बेकार की झंझट है। उनमें लोग सुखी नहीं होंगे। उनमें धूर्तों की टोलियाँ और वेश्याओं की[1] गलियां पैदा होंगी; गरीब अमीरों से लूटे जायेंगे। इसलिए उन्होंने छोटे देहातों से संतोष माना।

उन्होंने देखा कि राजाओं और उनकी तलवार के बनिस्ब्त नीति का बल ज्यादा बलवान है। इसलिए उन्होंने राजाओं को नीतिवान पुरुषों—ऋषियों और फकीरों—से कम दर्जे का माना।

ऐसी जिस राष्ट्र की गठन है वह राष्ट्र दूसरों को सिखाने लायक है; वह दूसरा से सीखने लायक नहीं है।

इस राष्ट्र में अदालतें थीं, वकील थे, डॉक्टर-वैद्य थे। लेकिन वे सब ठीक ढंग से नियम के मुताबिक चलते थे। सब जानते थे कि ये धन्धे बड़े नहीं हैं। और वकील, डॉक्टर वगैरा लोगों में लूट नहीं चलाते थे; वे तो लोगों के आश्रित[2] थे। वे लोगों के मालिक बनकर नहीं रहते थे। इन्साफ काफी अच्छा होता था। अदालतों में न जाना, यह लोगों का ध्येय[3] था। उन्हें भरमाने वाले स्वार्थी लोग नहीं थे। इतनी सड़न भी सिर्फ राजा और राजधानी के आसपास ही थी। यों (आम) प्रजा तो उससे स्वतंत्र रहकर अपने खेत का मालिकी हक भोगती थी। उसके पास सच्चा स्वराज्य था।

और जहाँ यह चांडाल[4] सभ्यता नहीं पहुँची है, वहाँ हिन्दुस्तान आज भी वैसा ही है। उसके सामने आप अपने नये ढोंगों की बात करेंगे, तो वह आपकी हँसी उड़ायेगा। उस पर न तो अंग्रेज राज करते हैं, न आप कर सकेंगे।

जिन लोगों के नाम पर हम बात करते हैं, उन्हें हम पहचानते नहीं हैं, न वे हमें पहचानते हैं। आपको और दूसरों को, जिनमें देशप्रेम हैं, मेरी सलाह है कि आप देश में—जहां रेल की बाढ़ नहीं फैल है उस भाग में—छह माह के लिए घूम आयें और बाद में देश की लगन लगायें, बाद में स्वराज्य की बात करें।

अब आपने देखा कि सच्ची सभ्यता मैं किस चीज को कहता हूँ। ऊपर मैंने जो तसवीर खींची है वैसा हिन्दुस्तान जहाँ हो वहाँ जो आदमी फेरफार करेगा उसे आप दुश्मन समझिये। वह मनुष्य पापी है।

---

1. बेसवाओं की। 2. पनाहगीर। 3. मक़सद। 4. शैतानी।

पाठक : आपने जैसा बताया वैसा ही हिन्दुस्तान होता तब तो ठीक था। लेकिन जिस देश में हजारों बाल-विधवायें हैं, जिस देश में दो बरस की बच्ची की शादी हो जाती है, जिस देश में बारह साल की उम्र के लड़के-लड़कियां घर-संसार चलाते हैं, जिस देश में स्त्री एक से ज्यादा पति करती है, जिस देश में नियोग* एक पुराना रिवाज जिसके मुताबिक बिना संतान वाले स्त्री पति के रोगी, नपुंसक या मृत रोग की हालत में अपने देवर या पति के किसी और संबंधी से संतान पैदा कर सकती थी। की प्रथा है, जिस देश में धर्म के नाम पर कुमारिकाएं बेसवाएं[1] बनती हैं, जिस देश में धर्म के नाम पर पाड़ों और बकरों की हत्या[2] होती है, वह देश भी हिन्दुस्तान ही है। ऐसा होने पर भी आपने जो बताया वह क्या सभ्यता का लक्षण[3] है?

संपादक : आप भूलते हैं। आपने जो दोष बताये वे तो सचमुच दोष ही हैं। उन्हें कोई सभ्यता नहीं कहता। वे दोष सभ्यता के बावजूद कायम रहे हैं। उन्हें दूर करने के प्रयत्न हमेशा हुए हैं और होते ही रहेंगे। हममें जो नया जोश पैदा हुआ है, उसका उपयोग हम इन दोषों को दूर करने में कर सकते हैं।

मैंने आपको आज की सभ्यता की जो निशानी बताई, उसे इस सभ्यता के हिमायती खुद बताते हैं। मैंने हिन्दुस्तान की सभ्यता का जो वर्णन[4] किया, वह वर्णन नई सभ्यता के हिमायतियों ने किया है।

किसी भी देश में किसी भी सभ्यता के मातहत सभी लोग संपूर्णता तक नहीं पहुँच पाये हैं। हिन्दुस्तान की सभ्यता का झुकाव नीति को मजबूत करने की ओर है पश्चिम की सभ्यता का झुकाव अनीति को मजबूत करने की ओर है। इसलिए मैंने उसे हानिकारक कहा है। पश्चिम की सभ्यता निरीश्वरवादी[5] है, हिन्दुस्तान की सभ्यता ईश्वर में माननेवाली है।

यों समझकर, ऐसी श्रद्धा रखकर, हिन्दुस्तान के हितचिंतकों चाहिये कि वे हिन्दुस्तान की सभ्यता से, बच्चा जैसे माँ से चिपटा रहता है वैसे, चिपट रहें।

14.
हिन्दुस्तान कैसे आज़ाद हो?

पाठक : सभ्यता के बारे में आपके विचार मैं समझ गया। आपने जो कहा उस पर मुझे ध्यान देना होगा। तुरन्त सब कुछ मंजूर कर लिया जाय, ऐसा आप

*एक पुराना रिवाज जिसके मुताबिक बिना संतान वाली स्त्री पति के रोगी, नपुंसक या मृत रोग होने की हालत में अपने देवर या पति के किसी और संबंधी से संतान पैदा कर सकती थी।

1. देवदासियां। 2. कत्ल। 3. निशानी। 4. बयान। 5. खुदा को नहीं माननेवाली

नहीं मानते होंगे; ऐसी आशा भी नहीं रखते होंगे। आपके ऐसे विचारों के अनुसार आप हिन्दुस्तान के आज़ाद होने का क्या उपाय बतायेंगे?

संपादक : मेरे विचार सब लोग तुरन्त मान लें, ऐसी आशा मैं नहीं रखता। मेरा फर्ज इतना ही है कि आपके जैसे जो लोग मेरे विचार जानना चाहते हैं, उनके सामने अपने विचार रख दूँ। वे विचार उन्हें पसंद आयेंगे या नहीं आयेंगे, यह तो समय बीतने पर ही मालूम होगा।

हिन्दुस्तान की आज़ादी के उपायों का हम विचार कर चुके। फिर भी हमने दूसरे रूप में उन पर विचार किया। अब हम उन पर उनके स्वरूप में विचार करें।

जिस कारण से रोगी बीमार हुआ हो वह कारण अगर दूर कर दिया जाय, तो रोगी अच्छा हो जायगा यह जगमशहूर बात है। इसी तरह जिस कारण से हिन्दुस्तान गुलाम बना वह कारण अगर दूर कर दिया जाय, तो वह बँधन[1] से मुक्त हो जायगा।

पाठक : आपकी मान्यता के मुताबिक हिन्दुस्तान की सभ्यता अगर सबसे अच्छी है, तो फिर वह गुलाम क्यों बना?

सपांदक : सभ्यता तो मैंने कही वैसी ही है, लेकिन देखने में आया है कि हर सभ्यता पर आफतें आती हैं। जो सभ्यता अचल है वह आखिरकार आफतों को दूर कर देती है। हिन्दुस्तान के बालकों में कोई न कोई कमी थी, इसीलिए वह सभ्यता आफतों से घिर गई। लेकिन इस घेरे में से छूटने की ताकत उसमें हैं, यह उसके गौरव[2] को दिखाता है।

और फिर सारा हिन्दुस्तान उसमें (गुलामी में) घिरा हुआ नहीं है। जिन्होंने पश्चिम की शिक्षा पाई है और जो उसके पाश में[3] फँस गये हैं, वे ही गुलामी में घिरे हुए हैं। हम जगत को अपनी दमड़ी के नाप से नापते हैं। अगर हम गुलाम हैं, तो जगत को भी गुलाम मान लेते हैं। हम कंगाल दशा में हैं, इसलिए मान लेते हैं कि सारा हिन्दुस्तान ऐसी दशा में है। दरअसल ऐसा कुछ नहीं है। फिर भी हमारी गुलामी सारे देश की गुलामी है, ऐसा मानना ठीक है। लेकिन ऊपर की बात हम ध्यान में रखें तो समझ सकेंगे कि हमारी अपनी गुलामी मिट जाय, तो हिन्दुस्तान की गुलामी मिट गई ऐसा मान लेना चाहिये। इसमें अब आपको स्वराज्य की व्याख्या[4] भी मिल जाती है। हम अपने ऊपर राज करें वही स्वराज्य है; और वह स्वराज्य हमारी हथेली में है।

इस स्वराज्य को आप सपने जैसा न मानें। मन से मानकर बैठे रहने का भी यह स्वराज्य नहीं है। यह तो ऐसा स्वराज्य है कि आपने अगर इसका स्वाद चख लिया हो, तो दूसरों को इसका स्वाद चखाने के लिए आप ज़िन्दगी भर कोशिश करेंगे। लेकिन मुख्य[5] बात तो हर शख्स के स्वराज्य भोगने की है। डूबता आदमी

---

1. आज़ाद। 2. बड़ाई। 3. फंदे में। 4. तशरीह। 5. खास या अहम्।

दूसरे को नहीं तारेगा, लेकिन तैरता आदमी दूसरे को तारेगा। हम खुद गुलाम होंगे और दूसरों को आज़ाद करने की बात करेंगे, तो वह संभव नहीं है।

लेकिन इतना काफी नहीं है। हमें और भी आगे सोचना होगा।

अब इतना तो आपकी समझ में आया होगा कि अंग्रेजों को देश से निकालने का मकसद सामने रखने की ज़रूरत नहीं है। अगर अंग्रेज हिन्दुस्तानी बनकर रहें तो हम उनका समावेश यहाँ कर सकते हैं। अंग्रेज अगर अपनी सभ्यता के साथ रहना चाहें, तो उनके लिए हिन्दुस्तान में जगह नहीं है। ऐसी हालत पैदा करना हमारे हाथ में है।

पाठक : अंग्रेज हिन्दुस्तानी बनें, यह नामुमकिन है।

संपादक : हमारा ऐसा कहना यह कहने के बराबर है कि अंग्रेज मनुष्य नहीं हैं। वे हमारे जैसे बनें या न बनें, इसकी हमें परवाह नहीं है। हम अपना घर साफ करें। फिर रहने लायक लोग ही उससे रहेंगे; दूसरे अपने-आप चले जायेंगे। ऐसा अनुभव तो हर आदमी को हुआ होगा।

पाठक : ऐसा होने की बात तवारीख[1] में तो हमने नहीं पढ़ी।

संपादक : जो चीज तवारीख में नहीं देखी वह कभी नहीं होगी, ऐसा मानना मनुष्य की प्रतिष्ठा में अविश्वास करना है। जो बात हमारी अकल में आ सके, उसे आखिर हमें आजमाना तो चाहिये ही।

हर देश की हालत एक सी नहीं होती। हिन्दुस्तान की हालत विचित्र है। हिन्दुस्तान बल असाधारण है। इसलिए दूसरी तवारीखों से हमारा कम संबंध है। मैंने आपको बताया कि दूसरी सभ्यतायें मिट्टी में मिल गयीं, जब कि हिन्दुस्तानी सभ्यता को आँच नहीं आयी है।

पाठक : मुझे ये सब बातें ठीक नहीं लगतीं। हमें लड़कर अंग्रेजों को निकालना ही होगा, इसमें कोई शक नहीं। जब तक वे हमारे मुल्क में हैं, तब तक हमें चैन नहीं पड़ सकता। 'पराधीन सपनेहुँ सुख नाहीं' ऐसा देखने में आता है। अंग्रेज यहाँ हैं इसलिए हम कमज़ोर होते जा रहे हैं। हमारा तेज चला गया है और हमारे लोग घबराये-से दिखते हैं। अंग्रेज हमारे देश के लिए यम (काल) जैसे हैं। उस यम को हमें किसी भी प्रयत्न से भगाना होगा।

संपादक : आप अपने आवेश[2] में मेरा सारा कहना भूल गये हैं। अंग्रेजों को यहाँ लाने वाले हम हैं और वे हमारी बदौलत ही यहाँ रहते हैं। आप यह कैसे भूल जाते हैं कि हमने उनकी सभ्यता अपनायी है, इसलिए वे यहाँ रह सकते हैं? आप उनसे जो नफ़रत करते हैं वह नफ़रत आपको उनकी सभ्यता से करनी चाहिये। फिर भी मान लें कि हम लड़कर उन्हें निकालना चाहते हैं। यह कैसे हो सकेगा?

पाठक : इटली ने किया वैसे। मैज़िनी और गेरीबाल्डी ने जो किया, वह तो हम भी कर सकते हैं। वे महावीर थे, इस बात से क्या आप इनकार कर सकेंगे?

---

1. इतिहास। 2. जोश। 3. नंबर। 4. तरकीब।

15.
इटली और हिन्दुस्तान

सपांदक : आपने इटली का उदाहरण[1] ठीक दिया। मैज़िनी महात्मा था। गैरीबाल्डी बड़ाय योद्धा[2] था। दोनों पूजनीय थे। उनसे हम बहुत सीख सकते हैं। फिर भी इटली की दशा और हिन्दुस्तान की दशा में फ़रक है।

पहले तो मैज़िनी और गैरीबाल्डी के बीच का भेद जानने लायक है। मैज़िनी के अरमान अलग थे। मैज़िनी जैसा सोचता था वैसा इटली में नहीं हुआ। मैज़िनी ने मनुष्य-जाति के कर्तव्य के बारे में लिखते हुए यह बताया है कि हर एक को स्वराज्य भोगना सीख लेना चाहिये। यह बात उसके लिए सपने जैसी रही। गैरीबाल्डी और मैज़िनी के बीच मतभेद[3] हो गया था, यह हमें याद रखना चाहिये। इसके सिवा गैरीबाल्डी ने हर इटालियन के हाथ में हथियार दिये और हर इटालियन ने हथियार लिये।

इटली और आस्ट्रिया के बीच सभ्यता का भेद नहीं था। वे तो 'चचेरे भाई' माने जायेंगे। 'जैसे को तैसा' वाली बात इटली की थी। इटली को परदेशी (आसट्रिया के) जूए से छुड़ाने का मोह गैरीबाल्डी को था। इसके लिए उसने कावूर के मारफ़त जो साजिशें[4] कीं, वे उसकी शूरता को बट्टा लगाने वाली हैं।

और अन्त में नतीजा क्या निकला? इटली में इटालियन राज करते हैं इसलिए इटली की प्रजा सुखी है, ऐसा आप मानते हों तो मैं आपसे कहूँगा कि आप अंधेरे में भटकते हैं। मैज़िनी ने साफ-साफ बताया है कि इटली आज़ाद नहीं हुआ है। विक्टर इमेन्युअल ने इटली का एक अर्थ किया, मैज़िनी ने दूसरा इमेन्युअल, कावूर और गैरीबाल्डी के विचार से इटली का अर्थ था इमेन्यअल या इटली का राजा और उसकी हुजूरी। मेजिनी के विचार से इटली का अर्थ था इटली के लोग– उसके किसान। इमेन्युअल वगैरा तो उनके (प्रजा के) नौकर थे। मैज़िनी का इटली अब भी गुलाम है। दो राजाओं के बीच शतरंज की बाज़ी लगी थी; इटली की प्रजा तो सिर्फ प्यादा थी और है। इटली के मजदूर अब भी दुखी हैं। इटली के मजदूरों की दाद-फ़रियाद नहीं सुनी जाती, इसलिए वे लोग खून करते हैं, विरोध करते हैं, सिर फोड़ते हैं और वहां बलवा होने का डर आज भी बना

---

1. मिसाल। 2. लडवैया। 3. अलग राय। 4. षड्यंत्र।

हुआ है। आस्ट्रिया के जाने से इटली को क्या लाभ हुआ? नाम का ही लाभ हुआ। जिन सुधारों के लिए जंग मचा वे सुधार हुए नहीं, प्रजा की हालत सुधरी नहीं।

हिन्दुस्तान की ऐसी दशा करने का तो आपका इरादा नहीं ही होगा। मैं मानता हूँ कि आपका विचार हिन्दुस्तान के करोड़ों लोगों को सुखी करने का होगा, यह नहीं कि आप या मैं राजसत्ता ले लूँ। अगर ऐसा है तो हमें एक ही विचार करना चाहिये। वह यह कि प्रजा स्वतन्त्र[1] कैसे हो।

आप कबूल करेंगे कि कुछ देशी रियासतों में प्रजा कुचली जाती है। वहाँ के शासक नीचता से लोगों को कुचलते हैं। उनका जुल्म अंग्रेजों के जुल्म से भी ज्यादा है। ऐसा जुल्म अगर आप हिन्दुस्तान में चाहते हों, तो हमारी पटरी कभी नहीं बैठेगी।

मेरा स्वदेशभिमान[2] मुझे यह नहीं सिखाता कि देशी राजाओं के मातहत जिस तरह प्रजा कुचली जाती है उसी तरह उसे कुचलने दिया जाय। मुझमें बल होगा तो मैं देशी राजाओं के जुल्म के खिलाफ और अंग्रेजी जुल्म के खिलाफ जूझूँगा।

स्वदेशाभिमान का अर्थ मैं देश का हित[3] समझता हूँ। अगर देश का हित अंग्रेजों के हाथों होता हो, तो मैं आज अ्रेंजों को झुककर नमस्कार करूँगा। अगर कोई अंग्रेज कहे कि देश को आज़ाद करना चाहिये, जुल्म के खिलाफ होना चाहिए और लोगों की सेवा करनी चाहिये, तो उसे अंग्रेज को मैं हिन्दुस्तानी मानकर उसका स्वागत करूँगा।

फिर, इटली की तरह जब हिन्दुस्तान को हथियार मिलें तभी वह लड़ सकता है; पर इस भगीरथ (बहुत बड़े) काम का तो, मालतू होता है, आपने विचार ही नहीं किया है। अंग्रेज गोला-बारूद से पूरी तरह लैस हैं, इससे मुझे डर नहीं लगता। लेकिन ऐसा तो दीखता है कि उनके हथियारों से उन्हीं के खिलाफ लड़ना हो, तो हिन्दुस्तान को हथियाबन्द करना होगा। अगर ऐसा हो सकता हो, तो इसमें कितने साल लगेंगे? और तमाम हिन्दुस्तानियों को हथियारबन्द करना तो हिन्दुस्तान को यूरोप-सा बनाने जैसा होगा। अगर ऐसा हुआ तो आज यूरोप के जो बेहाल है वैसे ही हिन्दस्तान के भी होंगे। थोड़े में, हिन्दुस्तान को यूरोप की सभ्यता अपनानी होगी। ऐसा ही होने वाला हो तो अच्छी बात यह होगी कि जो अंग्रेज उस सभ्यता में कुशल हैं, उन्हीं को हम यहाँ रहने दें। उनसे थोड़ा-बहुत झगड़ कर कुछ हक हम पायेंगे, कुछ नहीं पायेंगे और अपने दिन गुजारेंगे।

लेकिन बात तो यह है कि हिन्दुस्तान की प्रजा कभी हथियार नहीं उठायेगी। न उठाये यह ठीक ही है।

पाठक : आप तो बहुत आगे बढ़ गये। सबके हथियारबंद होने की ज़रूरत

---

1. आज़ाद। 2. हुब्बेवतन। 3. भला।

नहीं। हम पहले तो कुछ अंग्रेजों का खून करके आतंक[1] फैलायेंगे। फिर तो थोड़े लोग हथियारबंद होंगे, वे खुल्लमखुल्ला लड़ेंगे। उसमें पहले तो बीस-पचीस लाख हिन्दुस्तानी ज़रूर मरेंगे। लेकिन आखिर हम देश को अंग्रेजों से जीत लेंगे। हम गुरीला (डाकुओं जैसी) लड़ाई लड़कर अंग्रेजों को हरा देंगे।

संपादक : आपका ख़याल हिन्दुस्तान की पवित्र भूमि को राक्षसी बनाने का लगता है। अंग्रेजों का खून करके हिन्दुस्तान को छुड़ायेंगे, ऐसा विचार करते हुए आपको त्रास क्यों नहीं होता? खून तो हमें अपना करना चाहिये; क्योंकि हम नामर्द बन गये हैं, इसीलिए हम खून का विचार करते हैं। ऐसा करके आप किसे आज़ाद करेंगे? हिन्दुस्तान की प्रजा ऐसा कभी नहीं चाहती। हम जैसे लोग ही, जिन्होंने अधम सभ्यतारूपी भांग पी है, नशे में ऐसा विचार करते हैं। खून करके जो लोग राज करेंगे, वे प्रजा को सुखी नहीं बना सकेंगे। धींगरा ने[2] जो खून किया है उससे या जो खून हिन्दुस्तान में हुए हैं उनसे देश को फायदा हआ है, ऐसा अगर कोई मानता हो तो यह बड़ी भूल करता है। धींगरा को मैं देशाभिमानी मानता हूँ, लेकिन उसका देशप्रेम पागलपन से भरा था। उसने अपने शरीर का बलिदान गलत तरीके से दिया। उससे अंत में तो देश को नुकसान ही होने वाला है।

पाठक : लेकिन आपको इतना तो कबूल करना ही होगा कि अंग्रेज इस खून से डर गये हैं, और लॉर्ड मार्ले ने जो कुछ हमें दिया है वह ऐसे डर से ही दिया है।

संपादक : अंग्रेज जैसे डरपोक प्रजा हैं वैसे बहादुर भी हैं। गोलाबारूद का असर उन पर तुरन्त होता है, ऐसा मैं मानता हूँ। संभव है, लॉर्ड मॉर्ले ने हमें जो कुछ दिया वह डर से दिया हो। लेकिन डर से मिली हुई चीज जब तक डर बना रहता है तभी तक टिक सकती है।

16.

गोला-बारूद

पाठक : डर से दिया हुआ जब तक डर रहे तभी तक टिक सकता है, यह तो आपने विचित्र बात कही। जो दिया सो दिया। उसमें फिर क्या हेरफेर हो सकता है?

संपादक : ऐसा नहीं है। 1857 को घोषणा बलवे के अंत में लोगों में शान्ति कायम रखने के लिए की गई थी। जब शान्ति हो गई और लोग भोले दिल के

1. दहशत। 2. पंजाबी युवक मदनलाल धींगरा ने जुलाई 1909 में लंदन में कर्नल सर कर्जन बाइली को गोली का निशाना बनाया था। उसे फाँसी की सजा मिली थी।

बन गये तब उसका अर्थ बदल गया। अगर मैं सजा के डर से चोरी न करूँ, तो सजा का डर मिट जाने पर चोरी करने की मेरी फिर से इच्छा होगी और मैं चोरी करूँगा। यह तो बहुत ही साधारण अनुभव[1] है; इससे इनकार नहीं किया जा सकता। हमने मान लिया है कि डाँट-डपटकर लोगों से काम लिया जा सकता है और इसलिए हम ऐसा करते आये हैं।

पाठक : आपकी यह बात आपके खिलाफ़ जाती है, ऐसा आपको नहीं लगता? आपको स्वीकार करना होगा कि अंग्रेजों ने खुद जो कुछ हासिल किया है, वह मार-काट करके ही हासिल किया है। आप कह चुके हैं कि (मार-काट से) उन्होंने जो कुछ हासिल किया है वह बेकार है; यह मुझे याद है। इससे मेरी दलील को धक्का नहीं पहुँचता। उन्होंने बेकार (चीज) पाने का सोचा और उसे पाया। मतलब यह है कि उन्होंने अपनी मुराद पूरी की। साधन[2] क्या था, इसकी चिन्ता हम क्यों करें? अगर हमारी मुराद अच्छी हो तो क्या उसे हम चाहे जिस साधन से, मार-काट करके भी, पूरा नहीं करेंगे? चोर मेरे घर में घुसे तब क्या मैं साधन का विचार करूँगा? मेरा धर्म[3] तो उसे किसी भी तरह बाहर निकालने का ही होगा।

ऐसा लगता है कि आप यह तो कबूल करते हैं कि हमें सरकार के पास अरजियाँ भेज ने से कुछ नहीं मिला है और न आगे कभी मिलने वाला है। तो फिर उन्हें मारकर हम क्यों न लें? ज़रूरत हो उतनी मार का डर हम हमेशा बनाये रखेंगे। बच्चा अगर आग में पैर रखे और उसे आग से बचाने के लिए हम उस पर रोक लगायें, तो आप भी इसे दोष नहीं मानेंगे। किसी भी तरह हमें अपना काम पूरा कर लेना है।

संपादक : आपने दलील तो अच्छी की। वह ऐसी है कि बहुतों ने उससे धोखा खाया है। मैं भी ऐसी ही दलील करता था। लेकिन अब मेरी आँखें खुल गई हैं और मैं अपनी गलती समझा सकता हैं। आपको वह गलती बताने की कोशिश करूँगा।

पहले तो इस दलील पर विचार करें कि अंग्रेजों ने जो कुछ पाया वह मार-काट करके पाया, इसलिए हम भी वैसा ही करके मनचाही चीज पायें। अंग्रेजों ने मार काट की और हम भी कर सकते हैं, यह बात तो ठीक है। लेकिन मार-काट से जैसी चीज उन्हें मिली वैसी ही हम भी ले सकते हैं। आप कबूल करेंगे कि वैसी चीज हमें नहीं चाहिये।

आप मानते हैं कि साधन और साध्य–ज़रिया और मुराद–के बीच कोई संबंध नहीं है। यह बहुत बड़ी भूल है। इस भूल के कारण जो लोग धार्मिक[1]

1. तजरबा। 2. जरिया। 3. फ़र्ज।

कहलाते हैं, उन्होंने घोर कर्म किये हैं। यह तो धतूरे का पौधा लगाकर मोगरे के फूल की इच्छा करने जैसा हुआ। मेरे लिए समुद्र पार करने का साधन जहाज ही हो सकता है। अगर मैं पानी में बैलगाड़ी डाल दूँ तो वह गाड़ी और मैं दोनों समुद्र के तले पहुँच जायेंगे। जैसे देव वैसी पूजा– यह वाक्य[2] बहुत सोचने लायक है। उसका गलत अर्थ करके लोग भुलावे में पड़ गये हैं। साधन बीज है और साध्य–हासिल करने की चीज पेड़ है। इसलिए जितना सम्बन्ध चीज और पेड़ के बीच है, उतना ही साधन और साध्य के बीच है। शैतान को भजकर मैं ईश्वर-भजन का फल पाउँ, यह कभी हो ही नहीं सकता। इसलिए यह कहना कि हमें तो ईश्वर को ही भजना है, साधन भले शैतान हो, बिलकुल अज्ञान की बात है। जैसी करनी वैसी भरनी।

अंग्रेजों मार-काट करके 1833 में वोट के (मत के) विशेष अधिकार पाये। क्या मार-काट करके वे अपना फर्ज समझ सके? उनकी मुराद अधिकार पाने की थी, इसलिए उन्होंने मार-काट मचाकर अधिकार पा लिये। सच्चे अधिकार तो फर्ज के फल[3] हैं; वे अधिकार उन्होंने नहीं पाये। नतीजा यह हुआ कि सबने अधिकार पाने का प्रयत्न किया, लेकिन फ़र्ज सो गया। जहाँ सभी अधिकार की बात करें, वहाँ कौन किसको दे? वे कोई भी फर्ज अदा नहीं करते, ऐसा कहने का मतलब यहाँ कौन किसको दे? वे कोई भी फर्ज अदा नहीं करते, ऐसा कहने का मतलब यहाँ नहीं है। लेकिन जो अधिकार वे मांगते थे उन्हें हासिल करके उन्होंने वे फर्ज पूरे नहीं किये जो उन्हें करने चाहिये थे। उन्होंने योग्यता प्राप्त नहीं की, इसलिए उनके अधिकार उनकी गरदन पर जूए की तरह सवार हो बैठे हैं। इसलिए जो कुछ उन्होंने पाया है, वह उनके साधन का ही परिणाम[4] है। जैसी चीज उन्हें चाहिए थी वैसे साधन उन्होंने काम में लिये।

मुझे अगर आपसे आपकी घड़ी छीन लेनी हो, तो बेशक आपके साथ मुझे मार-पीट करनी होगी। लेकिन अगर मुझे आपकी घड़ी खरीदनी हो, तो आपको दाम देने होंगे। अगर मुझे बख्शिश के तौर पर आपकी घड़ी लेनी होगी, तो मुझे आपसे विनती[5] करनी होगी। घड़ी पाने के लिए मैं जो साधन काम में लूँगा, उसके अनुसार वह चोरी का माल, मेरा माल या बख्शिश की चीज होगी। तीन साधनों के तीन अलग परिणाम आयेंगे। तब आप कैसे कह सकते हैं कि साध न की कोई चिन्ता नहीं?

अब चोर को घर में से निकालने की मिसाल लें। मैं आपसे इसमें सहमत नहीं हूँ कि चोर को निकालने के लिए चाहे जो साधन काम में लिया जा सकता है।

अगर मेरे घर में मेरा पिता चोरी करने आयेगा, तो मैं एक साधन काम में

---

1. दीनदार। 2. फ़िकरा। 3. आजिज़ी। 4. नतीजा। 5. अजिज़ी

लूँगा। अगर कोई मेरी पहचान का चोरी करने आयेगा, तो मैं वही साधन काम में नहीं लूँगा। और कोई अनजान आदमी आयेगा, तो मैं तीसरा साधन काम में लूँगा। अगर वह गोरा हो तो एक साधन और हिन्दुस्तानी हो तो दूसरा साधन काम में लाना चाहिये, ऐसा भी शायद आप कहेंगे। अगर कोई मुर्दार लड़का चोरी करने आया होगा, तो मैं बिलकुल दूसरा ही साधन काम में लूँगा। अगर वह मेरी बराबरी का होगा, तो और ही कोई साधन मैं काम में लूँगा। और अगर वह हथियारबंद तगड़ा आदमी होगा, तो मैं चुपचाप सो रहूँगा। इसमें पिता से लेकर ताकतवर आदमी तक अलग अलग साधन इस्तेमाल किये जायेंगे। पिता होगा तो भी मुझे लगता है कि मैं सो रहूँगा और हथियार से लैस कोई होगा तो भी मैं सो रहूँगा। पिता में भी बल है, हथियारबंद आदमी में भी बल है। दोनों बलों के बस होकर मैं अपनी चीज को जाने दूँगा। पिता का बल मुझे दया से रुलायेगा। हथियारबंद आदमी का बल मेरे मन में गुस्सा पैदा करेगा; हम कट्टर दुश्मन हो जायेंगे। ऐसी मुश्किल हालत है। इन मिसालों से हम दोनों साधनों के निर्णय[1] पर तो नहीं पहुँच सकेंगे। मुझे तो सब चोरों के बारे में क्या करना चाहिये यह सूझता है। लेकिन उस इलाज से आप घबरा जायेंगे, इसलिए मैं आपके सामने उसे नहीं रखता। आप इसे समझ लें; और अगर नहीं समझेंगे तो हर वक्त आपको अलग साधन काम में लेने होंगे। लेकिन आपने इतना तो देखा कि चोर को निकालने के लिए चाहे जो साधन काम नहीं देगा; और जैसा साधन आपका होगा उसके मुताबिक नतीजा आयेगा। आपका धर्म किसी भी साधन से चोर को घर से निकालने का हरगिज नहीं है।

जरा आगे बढ़ें। वह हथियारबंद आदमी आपकी चीज ले गया है। आपने उसे याद रखा है। आपके मन में उस पर गुस्सा भरा है। आप उस लुच्चे को अपने लिए नहीं, लेकिन लोगों के कल्याण के लिए सजा देना चाहते हैं। आपने कुछ आदमी जमा किये। उसके घर पर आपने धावा बोलने का निश्चय किया। उसे मालूम हुआ। वह भागा। उसने दूसरे लुटेरे जमा किये। वह भी खीजा हुआ है। अब तो उसने आपका घर दिन-दहाड़े लूटने का संदेशा आपको भेजा है। आप उसके मुकाबले के लिए तैयार बैठे हैं। इस बीच लुटेरा आपके आसपास के लोगों को हैरान करता है। वे आप से शिकायत करते हैं। आप कहते हैं: "यह सब मैं आप ही के लिए तो करता हूँ। मेरा माल गया उसकी तो कोई बिसात ही नहीं" लोग कहते हैं: "पहले तो वह हमें लूटता नहीं था। आपने जब से उसके साथ लड़ाई शुरू की है तभी से उसने यह काम शुरू किया है।" आप दुविधा में फँस जाते हैं। गरीबों के ऊपर आपको रहम है। उनकी बात सही है। अब क्या किया

---

1. फैसला।

जाय? क्या लुटेरे को छोड़ दिया जाय? इससे तो आपकी इ़ज़्ज़त चली जायेगी। इ़ज़्ज़त सबको प्यारी होती है। आप गरीबों से कहते हैं: "कोई फिक्र नहीं। आइये, मेरा धन आपका ही है। मैं आपको हथियार देता हूँ। मैं आपको उनका उपयोग सिखाऊंगा। आप उस बदमाश को मारिये, छोड़िये नहीं।" यों लड़ाई बढ़ी। लुटेरे बढ़े। लोगों ने खुद होकर मुसीबत मोल ली। चोर से बदला लेने का परिणाम यह आया कि नींद बेचकर जागरण मोल लिया। जहाँ शांति थी वहाँ अशांति पैदा हुई। पहले तो जब मौत आती तभी मरते थे। अब तो सदा ही मरने के दिन आये। लोग हिम्मत हारकर पस्तहिम्मत[1] बने। इसमें मैंने बढ़ा-चढ़ाकर कुछ नहीं कहा है, यह आप धीरज से सोचेंगे तो देख सकेंगे। यह एक साधन हुआ।

अब दूसरे साधन की जाँच करें। चोर को आप अज्ञान[2] मान लेते हैं। कभी मौका मिलने पर उसे समझाने का आपने सोचा है। आप यह भी सोचते हैं कि वह भी हमारे जैसा आदमी है। उसने किस इरादे से चोरी की, यह आपको क्या मालूम? आपके लिए अच्छा रास्ता तो यही है कि जब मौका मिले तब आप उस आदमी के भीतर से चोरी का बीज ही निकाल दें। ऐसा आप सोच रहे हैं, इतने में वे भाई साहब फिर से चोरी करने आते हैं। आप नाराज नहीं होते। आपको उस पर दया आती है। आप सोचते हैं कि यह आदमी रोगी है। आप खिड़की-दरवाजे खुले कर देते हैं। आप अपनी सोने की जगह बदल देते हैं। आप अपनी चीजें झट ले जाई जा सकें इस तरह रख देते हैं। चोर आता है। वह घबराता है। यह सब उसे नया ही मालूम होता है। माल तो वह ले जाता है, लेकिन उसका मन चक्कर में पड़ जाता है। वह गाँव में जाँच-पड़ताल करता है। आपकी दया के बारे में उसको मालूम होता है। वह पछताता है और आपसे माफी माँगता है। आपकी चीजें वापस ले आता है। वह चोरी का धंधा छोड़ देता है। आपका सेवक बन जाता है। आप उसे काम धंधे से लगा देते हैं। यह दूसरा साधन है।

आप देखते हैं कि अलग-अलग साधनों के अलग-अलग नतीजे आते हैं। सब चोर ऐसा ही बरताव करेंगे या सबमें आपका-सा दयाभाव होगा, ऐसा मैं इससे साबित नहीं करना चाहता। लेकिन यही दिखाना चाहता हूँ कि अच्छे नतीजे लाने के लिए अच्छे ही साधन चाहिये। और अगर सब नहीं तो ज्यादातर मामलों में हथियार-बल से दयाबल ज्यादा ताकतवर साबित होता है। हथियार में हानि[3] है, दया में कभी नहीं।

अब अरजी की बात लें। जिसके पीछे बल नहीं है वह अरजी निकम्मी है,

---

1. नाहिम्मत, कायर। 2. नासमझ। 3. नुकसान।

इसमें कोई शक नहीं। फिर भी स्व. न्यायमूर्ति रानडे कहते थे कि अरजी लोगों को तालीम देने का एक साधन है। उससे लोगों को अपनी स्थिति[1] का भान कराया जा सकता है और राजकर्ता[2] को चेतावनी दी जा सकती है। यों सोचें तो अरजी निकम्मी चीज है। बराबरी का आदमी अरजी करेगा तो वह उसकी नम्रता की निशानी मानी जायगी। गुलाम अरजी करेगा तो वह उसकी गुलामी की निशानी होगी। जिस अरजी के पीछे बल है वह बराबरी के आदमी की अरजी है; और वह अपनी माँग अरजी के रूप में रखता है, यह उसकी खानदानियत को बताता है।

अरजी के पीछे दो तरह के बल होते हैं: "अगर आप नहीं देंगे तो हम आपको मारेंगे।" यह गोला-बारूद का बल है। इसका बुरा नतीजा हम देख चुके। दूसरा बल यह है: "अगर आप नहीं देंगे तो हम आपके अरजदार नहीं रहेंगे। हम अरजदार होंगे तो आप बादशाह बन रहेंगे। हम आपके साथ कोई व्यवहार नहीं रखेंगे।" इस बल को चाहे दयाबल कहें, चाहे आत्मबल कहें या सत्याग्रह कहें। यह बल अविनाशी[3] है और इस बल का उपयोग करने वाला अपनी हालत को बराबर समझता है। इसका समावेश हमारे बुजुर्गों ने 'एक नाहीं सब रोगों की दवा' में किया है। यह बल जिसमें है उसका हथियार-बल कुछ नहीं बिगाड़ सकता।

बच्चा अगर आग में पैर रखे, तो उसको दबाने की मिसाल की छानबीन करने में तो आप हार जायेंगे। बच्चे के साथ आप क्या करेंगे? मान लीजिये कि बच्चा ऐसा जोर करे कि आपको मारकर वह आग में जा पड़े। तब तो आग में पड़े बिना वह रहेगा ही नहीं। इसका उपाय आपके पास यह है: या तो आग में पड़ने से रोकने के लिए आप उसके प्राण ले लें, या उसका आग में पड़ना आप से देखा नहीं जाता इसलिए आप स्वयं आग में पड़कर अपनी जान दे दें। आप बच्चे के प्राण तो नहीं ही लेंगे। आप में अगर संपूर्ण दया भाव न हो, तो मुमकिन है कि आप अपने प्राण नहीं देंगे। तो फिर लाचारी से आप बच्चे को आग में कूदने देंगे। इस तरह आप बच्चे पर हथियार-बल का उपयोग नहीं करते हैं। बच्चे को आप और किसी तरह रोक सकें तो रोकेंगे; और वह बल कम दर्जे का लेकिन हथियार-बल ही होगा ऐसा भी आप न समझ लें। वह बल और ही प्रकार[4] का है। उसी को समझ लेना है।

बच्चे को रोकने में आप सिर्फ बच्चे का स्वार्थ देखते हैं। जिसके ऊपर आप अंकुश रखना चाहते हैं, उस पर उसके स्वार्थ के लिए ही अंकुश रखेंगे। यह मिसाल अंग्रेजों पर जरा भी लागू नहीं होती। आप अंग्रेजों पर जो हथियार-बल का उपयोग करना चाहते हैं, उसमें आप अपना ही यानी प्रजा का स्वार्थ देखते

---

1. हालत। 2. हाकिम। 3. लाफ़ानी। 4. तरह।

हैं। उसमें दया जरा भी नहीं है। अगर आप यों कहें कि अंग्रेज जो अधम– नीच काम करते हैं वह आग है, वे आग में अज्ञान के कारण जाते हैं और आप दया से अज्ञानी को यानी बच्चे को उससे बचाना चाहते हैं, तो इस प्रयोग को आजमाने के लिए आपको जहाँ-जहाँ जो भी आदमी नीच काम करता होगा वहाँ-वहाँ पहुँचना होगा और सामने वाले के बच्चे के प्राण लेने के बजाय अपने प्राणों की आहुति देनी पड़ेगी। इतना पुरुषार्थ[1] आप करना चाहें तो कर सकते हैं, आप स्वतंत्र हैं। पर यह बात बिलकुल असंभव है।

17

सत्याग्रह - आत्मबल

पाठक : आप जिस सत्याग्रह या आत्मबल की बात करते हैं, उसका इतिहास में कोई प्रमाण है? आज तक दुनिया का एक भी राष्ट्र इस बल से ऊपर चढ़ा हो, ऐसा देखने में नहीं आता। मार-काट के बिना बुरे लोग सीधे रहेंगे ही नहीं, ऐसा विश्वास अभी भी मेरे मन में बना हुआ है।

संपादक : कवि तुलसीदास जी ने लिखा है :

दया धरम को मूल है, पापमूल* अभिमान।
तुलसी दया न छोड़िए, जब लग घट में प्रान।।

मुझे तो यह वाक्य शास्त्र-वचन जैसा लगता है। जैसे दो और दो चार ही होते हैं, उतना ही भरोसा मुझे ऊपर के वचन पर है। दयाबल आत्मबल है, सत्याग्रह है। और इस बल के प्रमाण पग-पग पर दिखाई देते हैं। अगर यह बल नहीं होता, तो पृथ्वी रसातल (सात पातालों में से एक) में पहुँच गयी होती।

लेकिन आप तो इतिहास का प्रमाण चाहते हैं। इसके लिए हमें इतिहास का अर्थ जानना होगा।

'इतिहास' का शब्दार्थ है : 'ऐसा हो गया।' ऐसा अर्थ करें तो आपको सत्याग्रह के कई प्रमाण दिये जा सकेंगे 'इतिहास' जिस अंग्रेजी शब्द का तरजुमा है और जिस शब्द का अर्थ बादशाहों या राजाओं की तवारीख होता है, उसका अर्थ लेने से सत्याग्रह का प्रमाण नहीं मिल सकता। जस्ते की खान में आप अगर चाँदी ढूँढने जायें, तो वह कैसे मिलेगी? 'हिस्टरी' में दुनिया के कोलाहल की कहानी मिलेगी। इसलिए गोरे लोगों में कहावत है कि जिस राष्ट्र की 'हिस्टरी'

1. बड़ा काम। 2. खिलना। 3. नंबर। 4. तरकीब।

* गांधी जी ने 'देहमूल' पाठ लिया है। -अनुवादक

(कोलाहल) नहीं है वह राष्ट्र सुखी है। राजा लोग कैसे खेलते थे, कैसे खून करते थे, कैसे बैर रखते थे, यह सब 'हिस्टरी' में मिलता है। अगर यही इतिहास होता, अगर इतना ही हुआ होता, तब तो दुनिया कब की डूब गई होती। अगर दुनिया की कथा लड़ाई से शुरू हुई होती, तो आज एक भी आदमी जिंदा नहीं रहता। जो प्रजा लड़ाई का ही भोग (शिकार) बन गई, उसकी ऐसी ही दशा हुई। आस्ट्रेलिया के हब्शी लोगों का नामोनिशान मिट गया है। आस्ट्रेलिया के गोरों ने उनमें से शायद ही किसी को जीने दिया है। जिनकी जड़ ही खत्म हो गई, वे लोग सत्याग्रही नहीं थे। जो जिंदा रहेंगे वे देखेंगे कि आस्ट्रेलिया के गोरे लोगों के यही हाल होंगे। 'जो तलवार चलाते हैं उनकी मौत तलवार से ही होती है।' हमारे यहाँ ऐसी कहावत है कि 'तैराक की मौत पानी में'।

दुनिया में इतने लोग आज भी जिन्दा हैं, यह बताता है कि दुनिया का आधार हथियार-बल पर नहीं है, परन्तु सत्य, दया या आत्मबल पर है। इसका सबसे बड़ा प्रमाण तो यही है कि दुनिया लड़ाई के हंगामों के बावजूद टिकी हुई है। इसलिए लड़ाई के बल के बजाय दूसरा ही बल उसका आधार है।

हजारों बल्कि लाखों लोग प्रेम के बस रहकर अपना जीवन बसर करते हैं। करोड़ों कुटुम्बों का क्लेश[1] प्रेम की भावनाओं में समा जाता है, डूब जाता है। सैकड़ों राष्ट्र मेलजोल से रहे हैं, इसको 'हिस्टरी' नोट नहीं करती; 'हिस्टरी' कर भी नहीं सकती। जब इस दया की, प्रेम की और सत्य की धारा रुकती है, टूटती है, तभी इतिहास में वह लिखा जाता है। एक कुटुम्ब के दो भाई लड़े। इसमें एक ने दूसरे के खिलाफ सत्याग्रह का बल काम में लिया। दोनों फिर से मिलजुल कर रहने लगे। इसका नोट कौन लेता है? अगर दोनों भाइयों में वकीलों की मदद से या दूसरे कारणों से वैरभाव बढ़ता और वे हथियारों या अदालतों (अदालत का तरहका हथियार-बल, शरीर-बल ही है) के ज़रिये लड़ते, तो उनके नाम अखबारों में छपते, अड़ोस-पड़ोस के लोग जानते और शायद इतिहास में भी लिखे जाते। जो बात कुटुम्बों, जमातों और इतिहास के बारे में सच है, वही राष्ट्रों के बारे में भी समझ लेना चाहिये। कुटुम्ब के लिए एक कानून और राष्ट्र के लिए दूसरा, ऐसा मानने का कोई कारण नहीं है। 'हिस्टरी' अस्वाभाविक[2] बातों को दर्ज करती है। सत्याग्रह स्वाभाविक है, इसलिए उसे दर्ज करने की जरूरत ही नहीं है।

पाठक : आपके कहे मुताबिक तो यही समझ में आता है कि सत्याग्रह की मिसालें इतिहास में नहीं लिखी जा सकतीं। इस सत्याग्रह को ज्यादा समझने की जरूरत है। आप जो कुछ कहना चाहते हैं, उसे ज्यादा साफ शब्दों में कहेंगे तो अच्छा होगा।

---

1. दुख। 2. गैर कुदरती ।

संपादक : सत्याग्रह या आत्मबलों को अंग्रेजी में 'पैसिव रेज़िस्टेन्स' कहा जाता है। जिन लोगों ने अपने अधिकार पाने के लिए खुद दुख सहन किया था, उने दुख सहने के ढंग के लिए यह शब्द बरता गया है। उसका ध्येय लड़ाई के ध्येय से उलटा है। जब मुझे कोई काम पसन्द न आये और वह काम मैं न करूँ, तो उसमें मैं सत्याग्रह या आत्मबल का उपयोग करता हूँ।

मिसाल के तौर पर, मुझे लागू होने वाला कोई कानून सरकार ने पास किया। वह कानून मुझे पसन्द नहीं है। अब अगर मैं सरकार पर हमला करके यह कानून रद करवाता हूँ, तो यह कहा जायेगा कि मैंने शरीर-बल का उपयोग किया। अगर मैं उस कानून को मंजूर ही न करूँ और उस कारण से होने वाली सजा भुगत लूँ, तो कहा जायेगा कि मैंने आत्मबल या सत्याग्रह से काम लिया। सत्याग्रह मैं अपना ही बलिदान देता हूँ।

यह तो सब कोई कहेंगे कि दूसरे का भोग-बलिदान लेने से अपना भोग देना ज्यादा अच्छा है। इसके सिवा, सत्याग्रह से लड़ते हुए अगर लड़ाई गलत ठहरी, तो सिर्फ़ लड़ाई छेड़ने वाला ही दुख भोगता है। यानी अपनी भूल की सजा वह खुद भोगता है। ऐसी कई घटनायें हुई हैं जिनमें लोग गलती से शामिल हुए थे। कोई भी आदमी दावे से यह नही कह सकता कि फलां काम खराब ही है। लेकिन जिसे वह खराब लगा, उसके लिए तो वह खराब ही है। अगर ऐसा ही है तो फिर उसे वह काम नहीं करना चाहिये और उसके लिए दुख भोगना, कष्ट सहन करना चाहिये। यही सत्याग्रहनी कुंजी है।

पाठक : तब तो आप कानून के खिलाफ होते हैं! यह बेवफाई कही जायेगी। हमारी गिनती हमेशा कानून को मानने वाली प्रजा में होती है। आप तो 'एक्स्ट्रीमिस्ट' से भी आगे बढ़ते दीखते हैं। 'एक्स्ट्रीमिस्ट' कहता है कि जो कानून बन चुके हैं उन्हें तो मानना ही चाहिये; लेकिन कानून खराब हों तो उनके बनानेवालों को मारकर भगा देना चाहिये।

संपादक : मैं आगे बढ़ता हूँ या पीछे रहता हूँ, इसकी परवाह न आपको होनी चाहिये, न मुझे। हम तो जो अच्छा है उसे खोजना चाहते हैं और उसके मुताबिक बरतना चाहते हैं।

हम कानून को मानने वाली प्रजा हैं, इसका सही अर्थ तो यह है कि हम सत्याग्रही प्रजा हैं। कानून जब पसन्द न आयें तब हम कानून बनानेवालों का सिर नहीं तोड़ते, बल्कि उन्हें रद कराने के लिए खुद उपवास करते हैं, खुद दुख उठाते हैं।

हमें अच्छे या बुरे कानून को मानना चाहिये, ऐसा अर्थ तो आजकल का है। पहले ऐसा नहीं था। तब चाहे जिस कानून को लोग तोड़ते थे और उसकी सजा भोगते थे।

कानून हमें पसन्द न हो तो भी उनके मुताबिक चलना चाहिये, यह सिखावन मर्दानगी के खिलाफ है, धर्म के खिलाफ है और गुलामी की हद है।

सरकार तो कहेगी कि हम उसके सामने नंगे होकर नाचें। तो क्या हम नाचेंगे? अगर मैं सत्याग्रही होऊँ तो सरकार से कहूँगा : "यह कानून आप अपने घर में रखिये। मैं न तो आपके सामने नंगा होने वाला हूँ और न नाचने वाला हूँ।" लेकिन हम ऐसे असत्याग्रही हो गये हैं कि सरकार के जुल्म के सामने झुककर नंगे होकर नाचने से भी ज्यादा नीच काम करते हैं।

जिस आदमी में सच्ची इंसानियत है, जो खुदा से ही डरता है, वह और किसी से नहीं डरेगा। दूसरे के बनाये हुए कानून उसके लिए बंधनकारक नहीं होते। बेचारी सरकार भी नहीं कहती कि 'तुम्हें ऐसा करना ही पड़ेगा।' वह कहती है कि 'तुम ऐसा नहीं करोगे तो तुम्हें सजा होगी।' हम अपनी अधम दशा के कारण मान लेते हैं कि हमें 'ऐसा ही करना चाहिये' यह हमारा फर्ज है, यह हमारा धर्म है।

अगर लोग एक बार सीख लें कि जो कानून हमें अन्यायी[1] मालूम हो उसे मानना नामर्दगी है, तो हमें किसी का भी जुल्म बाँध नहीं सकता। यही स्वराज्य की कुंजी है।

ज्यादा लोग जो कहें उसे थोड़े लोगों को मान लेना चाहिये, यह तो अनीश्वरी[2] बात है, एक वहम है। ऐसी हजारों मिसालें मिलेंगी, जिनमें बहुतों ने जो कहा वह गलत निकला हो और थोड़े लोगों ने जो कहा वह सही निकला हो। सारे सुधार बहुत से लोगों के खिलाफ जाकर कुछ लोगों ने ही दाखिल करवाये हैं। ठगों के गाँव में अगर बहुत से लोग यह कहें कि ठगविद्या सीखनी ही चाहिये, तो क्या कोई साधु ठग बन जायेगा? हरगिज नहीं। अन्यायी कानून को मानना चाहिये, यह वहम जब तक दूर नहीं होता तब तक हमारी गुलामी जाने वाली नहीं है। और इस वहम को सिर्फ सत्याग्रही ही दूर कर सकता है।

शरीर-बल का उपयोग करना, गोला-बारूद काम में लाना, हमारे सत्याग्रह के कानून के खिलाफ है। इसका अर्थ तो यह हुआ कि हमें जो पसंद है वह दूसरे आदमी से हम (जबरन्) करवाना चाहते हैं। अगर यह सही हो तो फिर वह सामने वाला आदमी भी अपनी पसंद का काम हमसे करवाने के लिए हम पर गोला-बारूद चलाने का हकदार है। इस तरह तो हम कभी एकराय पर पहुँचेंगे ही नहीं। कोल्हू के बैल की तरह आँखों पर पट्टी बांधकर भले ही हम मान लें कि हम आगे बढ़ते हैं। लेकिन दरअसल तो बैल की तरह हम गोल-गोल चक्कर ही काटते रहते हैं। जो लोग ऐसा मानते हैं कि जो कानून खुद को नापसन्द

---

1. गैर इन्साफ़वाला। 2. ला-खुदाई।

है उसे मानने के लिए आदमी बँधा हुआ नहीं है, उन्हं तो सत्याग्रह को ही सही साधन[1] मानना चाहिये; वरन बड़ा विकट[2] नतीजा आयेगा।

पाठक : आप जो कहते हैं उस पर से मुझे लगता है कि सत्याग्रह कमज़ोर आदमियों के लिए काफी काम का है। लेकिन जब वे बलवान बन जाये तब तो उन्हें तोप (हथियार) ही चलाना चाहिये।

संपादक : यह तो आपने बड़े अज्ञान की बात कही। सत्याग्रह सबसे बड़ा सर्वोपरी बल है। पर जब तपोबल से ज्यादा काम करता है तो सत्याग्रही सबसे बड़ा कमजोरों का हथियार कैसे माना जायेगा? सत्याग्रह के लिए जो हिम्मत और बहादुरी चाहिये, वह तोपका बल रखनेवाले के पास हो ही नहीं सकती। क्या आप यह मानते हैं कि डरपोक और कमजोर आदमी नापसन्द कानून को तोड़ सकेगा? 'एक्सट्रीमिस्ट' तोपबल – पशुबल के हिमायती हैं। वे क्यों कानून मानने की बात कर रहे हैं? मैं उनका दोष नहीं निकालता। वे दूसरी कोई बात कर रही नहीं सकते। वे खुद जब अंग्रेजों को मारकर राज्य करेंगे तब आपसे और हमसे (जबरन्) कानून मनवाना चाहेंगे। उनके तरीके के लिए यही कहना ठीक है। लेकिन सत्याग्रही तो कहेगा कि जो कानू उसे पसन्द नहीं है उन्हें वह स्वीकार नहीं करेगा, फिर चाहे उसे तोप के मुँह पर बाँधकर उसकी धज्जियां क्यों न उड़ा दी जायें!

आप क्या मानते हैं? तोप चलाकर सैकड़ों को मारने में हिम्मत की जरूरत है या हँसते-हँसते तोप के मुँह पर बँध कर धज्जियाँ उड़ने देने में हिम्मत की जरूरत है? खुद मौत को हथेली में रखकर जो चलता-फिरता है वह रणवीर है या दूसरों की मौत को अपने हाथ में रखता है वह रणवीर है?

यह निश्चित मानिये कि नामर्द आदमी घड़ी भर के लिए भी सत्याग्रही नहीं रह सकता।

हाँ, यह सही है कि शरीर से जो दुबला हो वह भी सत्याग्रही हो सकता है। एक आदमी भी (सत्याग्रही) हो सकता है और लाखों लोग भी हो सकते हैं। मर्द भी सत्याग्रही हो सकता है; औरत भी हो सकती है। उसे अपना लश्कर तैयार करने की जरूरत नहीं रहती। उसे पहलवानों की कुश्ती सीखने की ज़रूरत नहीं रहती। उसने अपने मन को काबू में किया कि फिर वह वनराज सिंह की तरह गर्जना कर सकता है; और जो उसके दुश्मन बन बैठे हैं उनके दिल इस गर्जना से फट जाते हैं।

सत्याग्रह ऐसी तलवार है, जिसके दोनों ओर धार है। उसे चाहे जैसे काम में लिया जा सकता है। जो उसे चलाता है और जिस पर वह चलाई जाती है, वे दोनों सुखी होते हैं। वह खून नहीं निकालती, लेकिन उससे भी बड़ा परिणाम

---

1. जरिया। 2. खतरनाक।

ला सकती है। उसको जंग नहीं लग सकती। उसे कोई (चुराकर) ले नहीं जा सकता। अगर सत्याग्रही दूसरे सत्याग्रही के साथ होड़ में उतरता है, तो उसमें उसे थकान लगती ही नहीं। सत्याग्रही की तलवार को म्यान की जरूरत नहीं रहती। उसे कोई छीन नहीं सकता। फिर भी सत्याग्रह को आप कमजोरों का हथियार मानें तब तो उसे अँधेरे ही कहा जायगा।

पाठक : आपने कहा कि वह हिन्दुस्तान का खास हथियार है। तो क्या हिन्दुस्तान में तोप के बल का कभी उपयोग नहीं हुआ है?

संपादक : आप हिंदुस्तान का अर्थ मुट्ठी भर राजा करते हैं। मेरे मन तो हिन्दुस्तान का अर्थ वे करोड़ों किसान है, जिनके सहारे राजा और हम सब जी रहे हैं।

राजा तो हथियार काम में लायेंगे ही। उनका वह रिवाज ही हो गया है। उन्हें हुक्म चलाना है। लेकिन हुक्म मानने वाले को तोपबल की ज़रूरत नहीं है। दुनिया के ज्यादातर लोग हुक्म माननेवाले हैं। उन्हें या तो तोपबल या सत्याग्रह का बल सिखाना चाहिये। जहाँ वे तोपबल सीखते हैं वहाँ राजा-प्रजा दोनों पागल जैसे हो जाते हैं। जहाँ हुक्म माननेवालों ने सत्याग्रह करना सीखा है वहाँ राजा का जुल्म उसकी तीन गज की तलवार से आगे नहीं जा सकता; और हुक्म मानने वालों ने अन्यायी हुक्म की परवाह भी नहीं की है। किसान किसी के तलवार-बल के बस न तो कभी हुए हैं, और न होंगे। वे तलवार चलाना नहीं जानते; न किसी की तलवार से डरते हैं। वे मौत को हमेशा अपना तकिया बनाकर सोने वाली महान प्रजा हैं। उन्होंने मौत का डर छोड़ दिया है, इसलिए सबका डर छोड़ दिया है। यहाँ मैं कुछ बढ़ा-चढ़ाकर तसवीर खींचता हूँ, यह ठीक है। लेकिन हम जो तलवार के बल से चकित[1] हो गये हैं, उनके लिए यह कुछ ज्यादा नहीं है।

बात यह है कि किसानों ने, प्रजा-मंडलों ने अपने और राज्य के कारोबार में सत्याग्रह को काम में लिया है। जब राजा जुल्म करता है तब प्रजा रूठती है। यह सत्याग्रह ही है।

मुझे याद है कि एक रियासत में रैयत को अमुक हुक्म पसन्द नहीं आया, इसलिए रैयत ने हिजरत करना-गाँव खाली करना शुरू कर दिया। राजा घबड़ाये। उन्होंने रैयत से माफी माँगी और हुक्म वापस ले लिया। ऐसी मिसालें तो बहुत मिल सकती हैं। लेकिन वे ज्यादातर भारत-भूमि की ही उपज होगी। ऐसी रैयत जहाँ है वहीं स्वराज्य है। इसके बिना स्वराज्य कुराज्य है।

पाठक : तो क्या आप यह कहेंगे कि शरीर को कसने की जरूरत ही नहीं है?

---

1. दंग।

संपादक : ऐसा मैं कभी नहीं कहूँगा। शरीर को कसे बिना सत्याग्रही होना मुश्किल है। अकसर जिन शरीरों को गलत लाड़ लड़ा कर या सहलाकर कमज़ोर बना दिया गया है, उनमें रहनेवाला मन भी कमजोर होता है। और जहाँ मन का बल नहीं है वहाँ आत्मबल कैसे हो सकता है? हमें बाल-विवाह वगैरा के कुरिवाज को और ऐश-आराम की बुराई को छोड़कर शरीर को कसना ही होगा। अगर मैं मरियल और कमजोर आदमी को यकायक तोप के मुँह पर खड़ा हो जाने के लिए कहूँ, तो लोग मेरी हँसी उड़ायेंगे।

पाठक : आपके कहने से तो ऐसा लगता है कि सत्याग्रही होना मामूली बात नहीं है, और अगर ऐसा है तो कोई आदमी सत्याग्रही कैसे बन सकता है, यह आपको समझाना होगा।

संपादक : सत्याग्रही होना आसान है। लेकिन जितना वह आसान है उतना ही मुश्किल भी है। चौदह बरस का एक लड़का सत्याग्रही हुआ है, यह मेरे अनुभव की बात है। रोगी आदमी सत्याग्रही हुए हैं, यह भी मैने देखा है। मैंने यह भी देखा है कि जो लोग शरीर से बलवान थे और दूसरी बातों में भी सुखी थे, वे सत्याग्रही नहीं हो सके।

अनुभव से मैं देखता हूँ कि जो देश के भले के लिए सत्याग्रही होना चाहता है, उसे ब्रह्मचर्य का पालन करना चाहिये, गरीबी अपनानी चाहिये, सत्य का पालन तो करना ही चाहिये और हर हालत में अभय[1] बनना चाहिये।

ब्रह्मचर्य एक महान व्रत है, जिसके बिना मन मजबूत नहीं होता। ब्रह्मचर्य पालन न करने से मनुष्य वीर्यवान नहीं रहता, नामर्द और कमज़ोर हो जाता है। जिसका मन विषय[2] में भटकता है, वह क्या शेर मारेगा? यह बात अनगिनत मिसालों से साबित की जा सकती है। तब सवाल यह उठता है कि घर-संसारी को क्या करना चाहिए लेकिन ऐसा सवाल उठने की कोई जरूरत नहीं। घर संसारी ने जो संग किया (स्त्री की सोहबत की) वह विषय-भोग नहीं है, ऐसा कोई नहीं कहेगा। संतान पैदा करने के लिए ही अपनी स्त्री का संग करने की बात कही गयी है। और सत्याग्रही को संतान पैदा करने की इच्छा नहीं होनी चाहिये। इसलिए संसारी होने पर भी वह ब्रह्मचर्य का पालन कर सकता है। यह बात ज्यादा खोलकर लिखने की जरूरत नहीं। स्त्री का क्या विचार है? यह सब कैसे हो सकता है? ऐसे विचार मन में पैदा होते हैं। फिर भी जिसे महान कार्यों में हिस्सा लेना है, उसे तो ऐसे सवालों का हल ढूँढना ही होगा।

जैसे ब्रह्मचर्य की जरूरत है वैसे ही गरीबी को अपनाने की भी जरूरत है।

---

1. निडर। 2. नफ़सानी ख्वाहिश।

पैसे का लोभ और सत्याग्रह का सेवनपाल (दोनों साथ-साथ) कभी नहीं चल सकते। लेकिन मेरा मतलब यह नहीं है कि जिसके पास पैसा है वह उसे फेंक दे। फिर भी पैसे के बारे में लापरवाह रहने की जरूरत है। सत्याग्रह सेवन करते हुए अगर पैसा चला जाय, तो चिन्ता नहीं करनी चाहिये।

जो सत्य का सेवन नहीं करता, वह सत्य का बल, सत्य की ताकत कैसे दिखा सकेगा? इसलिए सत्य की तो ही पूरी-पूरी जरूरत रहेगी ही। बड़े से बड़ा नुकसान होने पर भी सत्य को नहीं छोड़ा जा सकता। सत्य के लिए कुछ छिपाने को होता ही नहीं। इसलिए सत्याग्रही के लिए छिपी सेना की जरूरत नहीं होती। जान बचाने के लिए झूठ बोलना चाहिये या नहीं, ऐसा सवाल यहाँ मन में नहीं उठाना चाहिये। जिसे झूठ का बचाव करना है, वही ऐसे बेकार सवाल उठाता है। जिसे सत्य की राह लेनी है, उसके सामने ऐसे धर्म-संकट[1] कभी आते ही नहीं। ऐसी मुश्किल हालत में आ पड़े तो भी सत्यवादी उसमें से उबर जाता है।

अभय के बिना तो सत्याग्रही की गाड़ी एक कदम भी आगे नही चल सकती। अभय संपूर्ण और सब बातों के लिए होना चाहिये। जमीन-जायदाद का, झूठी इज्जत का, सगे-सम्बन्धियों का, राज-दरबार का, शरीर को पहुँचने वाली चोटों का और मरण का अभय हो, तभी सत्याग्रह का पालन हो सकता है।

यह सब करना मुश्किल है, ऐसा मानकर इसे छोड़ नहीं देना चाहिये जो सिर पर पड़ता है उसे सह लेने की शक्ति कुदरत ने हर मनुष्य को दी है। जिसे देश सेवा न करनी हो, उसे भी ऐसे गुणों का सेवन करना चाहिये।

इसके सिवा, हम यह भी समझ सकते हैं कि जिसे हथियार-बल पाना होगा, उसे भी इन बातों की जरूरत रहेगी। रणवीर होना कोई ऐसी बात नहीं कि किसी ने इच्छा की और तुरन्त रणवीर हो गया। योद्धा (लड़वैया) को ब्रह्मचर्य का पालन करना होगा, भिखारी बनना होगा। रण में जिसके भीतर अभय न हो वह लड़ नहीं सकता। उसे (योद्धा को) सत्यव्रत का पालन करने की उतनी जरूरत नहीं है, ऐसा शायद किसी को लगे। लेकिन जहाँ अभय है वहाँ सत्य कुदरती तौर पर रहता ही है। मनुष्य जब सत्य को छोड़ता है तब किसी तरह के भय के कारण ही छोड़ता है।

इसलिए इन चार गुणों[2] से डर जाने का कोई कारण नहीं है। फिर तलवार बाज को और भी कुछ बेकार कोशिश करनी पड़ती हैं, जो सत्याग्रही को नहीं करनी पड़ती। तलवार बाजी को जो दूसरी कोशिशें करनी पड़ती हैं, उसका कारण भय है। अगर उसमें पूरी निडरता आ जाय, तो उसी पल उसके हाथ से तलवार गिर जायेगी। फिर उसे तलवार सहारे की जरूरत नहीं रहती। जिसकी

1. दुविधा। 2. सिफ़तों से।

किसी से दुश्मनी नहीं है, उसे तलवार की ज़रूरत ही नहीं है। सिंह के सामने आनेवाले एक आदमी के हाथ की लाठी अपने-आप उठ गई। उसने देखा कि अभय का पाठ उसने सिर्फ जबानी ही किया था। उसने लाठी छोड़ी और वह निर्भय-निडर बना।

18
शिक्षा

पाठक : आपने इतना सारा कहा, परन्तु उसमें कहीं भी शिक्षा -तालीम की जरूरत तो बताई ही नहीं। हम शिक्षा की कमी की हमेशा शिकायत करते रहते हैं। लाज़िमी तालीम देन का आन्दोलन हम सारे देश में देखते हैं। महाराजा गायकवाड़ ने (अपने राज्य में) लाज़िमी शिक्षा शुरू की है। उसकी ओर सबका ध्यान गया है। हम उन्हें धन्यवाद देते हैं। यह सारी कोशिश क्या बेकार ही समझनी चाहिये?

संपादक : अगर हम अपनी सभ्यता[1] को सबसे अच्छी मानते हैं, तब तो मुझे अफसोस के साथ कहना पड़ेगा कि वह कोशिश ज्यादातर बेकार ही है। महाराजा साहब और हमारे दूसरे धुरन्धर[2] नेता सबको तालीम देने की जो कोशिश कर रहे हैं, उनमें उनका हेतु निर्मल है। इसलिए उन्हें धन्यवाद ही देना चाहिये। लेकिन उनके हेतु को जो नतीजा आने की संभावना है, उसे हम छिपा नहीं सकते।

शिक्षा : तालीम का अर्थ क्या है? अगर उसका अर्थ सिर्फ़ अक्षरज्ञान ही हो, तो वह तो एक साधन जैसी ही हुई है। उसका अच्छा उपयोग भी हो सकता है और बुरा उपयोग भी हो सकता है। एक शस्त्र[3] से चीर-फाड़ करके बीमार को अच्छा किया जा सकता है और वही शस्त्र किसी की जान लेने के लिए भी काम में लाया जा सकता है। अक्षर-ज्ञान भी ऐसा ही है। बहुत से लोग उसका बुरा उपयोग करते हैं, यह तो हम देखते हैं। उसका अच्छा उपयोग प्रमाणमें[4] कम ही लोग करते हैं। यह बात अगर ठीक है तो इससे यह साबित होता है कि अक्षर-ज्ञान से दुनिया को फायदे के बदले नुकसान ही हुआ है।

शिक्षा का साधारण अर्थ अक्षर-ज्ञान ही होता है। लोगों को लिखना, पढ़ना और हिसाब करना सिखाना बुनियादी या प्राथमिक-प्रायमरी-शिक्षा कहलाती है। एक किसान ईमानदारी से खुद खेती करके रोटी कमाता है। उसे मामूली तौर पर दुनियावी ज्ञान है। अपने माँ-बाप के साथ कैसे बरतना, अपनी स्त्री के साथ कैसे

---

1. तहजीब। 2. बहुत बड़े। 3. औज़ार। 4. मुकाबिले में।

बरतना, बच्चों से कैसे पेश आना, जिस देहात में वह बसा हुआ है वहाँ उसकी चालढ़ाल कैसी होनी चाहिये, इन सबका उसे काफी ज्ञान है। वह नीति के नियम समझता है और उनका पालन करता है। लेकिन वह अपने दस्तखत करना नहीं जानता। इस आदमी को आप अक्षर-ज्ञान देकर क्या करना चाहते हैं? उसके सुख में आप कौन सी बढ़ती करेंगे? क्या उसकी झोपड़ी या उसकी हालत के बारे में आप उसके मन में अंसतोष पैदा करना चाहते हैं? ऐसा करना हो तो भी उसे अक्षर-ज्ञान देने की ज़रूरत नहीं है। पश्चिम के असर के नीचे आकर हमने यह बात चलायी है कि लोगों को शिक्षा देनी चाहिये। लेकिन उसके बारे में हम आगे-पीछे की बात सोचते ही नहीं।

अब ऊंची शिक्षा को ले। मैं भूगोल-विद्या, सीखा खगोल-विद्या (आकाश के तारों की विद्या) सीखा, बीजगणित (एलजब्रा) भी मुझे आ गया, रेखागणित (ज्यॉमेट्री) का ज्ञान भी मैंने हासिल किया, भूगर्भ-विद्या को भी मैं पी गया। लेकिन उससे क्या? उससे मैंने अपना कौन-सा भला किया? अपने आसपास के लोगों का क्या भला किया? किस मकसद से मैंने वह ज्ञान हासिल किया? उससे मुझे क्या फायदा हुआ? एक अंग्रेज विद्वान (हक्सली) ने शिक्षा के बारे में यों कहा है: "उस आदमी ने सच्ची शिक्षा पाई है, जिसके शरीर को ऐसी आदत डाली गई है कि वह उसके बस में रहता है, जिसका शरीर चैन से और आसानी से सौंपा हुआ काम करता है। उस आदमी ने सच्ची शिक्षा पाई है, जिसकी बुद्धि शुद्ध, शांत और न्यायदर्शी[1] है। उसने सच्ची शिक्षा पाई है, जिसका मन कुदरती कानूनों से भरा है और जिसकी इन्द्रियाँ उसके बस में हैं, जिसके मन की भावनायें बिलकुल शुद्ध हैं, जिसे नीच कामों से नफरत है और जो दूसरों को अपने जैसा मानता है। ऐसा आदमी ही सच्चा शिक्षित(तालीमशुदा) माना जायगा, क्योंकि वह कुदरत के कानून के मुताबिक चलता है। कुदरत उसका अच्छा उपयोग करेगी और वह कुदरत का अच्छा उपयोग करेगा।" अगर यही सच्ची शिक्षा हो तो मैं कसम खाकर कहूँगा कि ऊपर जो शास्त्र मैंने गिनाये हैं उनका उपयोग मेरे शरीर या मेरी इन्द्रियों को बस में करने के लिए मुझे नहीं करना पड़ा। इसलिए प्रायमरी-प्राथमिक शिक्षा को लीजिये या ऊँची शिक्षा को लीजिये, उसका उपयोग मुख्य बात में नहीं होता। उससे हम मनुष्य नहीं बनते-उससे हम अपना कर्तव्य[2] नहीं जान सकते।

पाठक : अगर ऐसा ही है, तो मैं आपसे एक सवाल करूँगा। आप ये जो सारी बातें कह रहे हैं, वह किसकी बदौलत कह रहे हैं? अगर आपने अक्षर-ज्ञान और ऊँची शिक्षा नहीं पाई होती, तो ये सब बातें आप मुझे कैसे समझा पाते?

---

1. इन्साफ़ को परखनेवाली। 2. फ़र्ज।

संपादक : आपने अच्छी सुनाई। लेकिन आपके सवाल का मेरा जवाब भी सीधा ही है। अगर मैंने ऊँची या नीची शिक्षा नहीं पाई होती, तो मैं नहीं मानता कि मैं निकम्मा आदमी हो जाता। अब ये बातें कहकर मैं उपयोगी बनने की इच्छा रखता हूँ। ऐसा करते हुए जो कुछ मैंने पढ़ा उसे मैं काम में लाता हूँ; और उसका उपयोग, अगर वह उपयोग हो तो, मैं अपने करोड़ों भाईयों के लिए नहीं कर सकता, सिर्फ आप जैसे पढ़े-लिखों के लिए ही कर सकता हूँ। इससे भी मेरी ही बात का समर्थन[1] होता है। मैं और आप दोनों गलत शिक्षा के पंजे में फँस गये थे। उसमें से मैं अपने को मुक्त हुआ मानता हूँ। अब वह अनुभव मैं आपको देता हूँ और उसे देते समय ली हुई शिक्षा का उपयोग करके उसमें रही सड़न मैं आपको दिखाता हूँ।

इसके सिवा, आपने जो बात मुझे सुनाई उसमें आप गलती खा गये, क्योंकि मैंने अक्षर-ज्ञान को (हर हालत में) बुरा नहीं कहा है। मैंने तो इतना ही कहा है कि उस ज्ञान की हमें मूर्ति की तरह पूजा नहीं करनी चाहिये। वह हमारी कामधेनु[2] नहीं है। वह अपनी जगह पर शोभा दे सकता है और वह जगह यह है : जब मैंने और आपने अपनी इन्द्रियों को बस में कर लिया हो, जब हमने नीति की नींव मजबूत बना ली हो, तब अगर हमें अक्षर-ज्ञान पाने की इच्छा हो, तो उसे पाकर हम अच्छा उपयोग कर सकते हैं। वह शिक्षा आभूषण[3] के रूप में अच्छी लग सकती है। लेकिन अक्षर-ज्ञान का अगर आभूषण के तौर पर ही उपयोग हो, तो ऐसी शिक्षा को लाज़िमी करने की हमें ज़रूरत नहीं। हमारे पुराने स्कूल ही काफ़ी हैं। वहां नीति को पहला स्थान दिया जाता है। वह सच्ची प्राथमिक शिक्षा है। उस पर हम जो इमारत खड़ी करेंगे वह टिक सकेगी।

पाठक : तक क्या मेरा यह समझना ठीक है कि आप स्वराज्य के लिए अंग्रेजी शिक्षा का कोई उपयोग नहीं मानते?

संपादक : मेरा जवाब 'हाँ' और 'नहीं' दोनों है। करोड़ों लोगों को अंग्रेजी की शिक्षा देना उन्हें गुलामी में डालने जैसा है। मेकोले ने शिक्षा की जो बुनियाद डाली, वह सचमुच गुलामी की बुनियाद थी। उसने इसी इरादे से अपनी योजना बनाई थी, ऐसी मैं नहीं सुझाना चाहता। लेकिन उसके काम का नतीजा यही निकला है। यह कितने दुख की बात है कि हम स्वराज्य की बात भी पराई भाषा में करते हैं?

जिस शिक्षा को अंग्रेजों ने ठुकरा दिया है वह हमारा सिंगार बनती है, यह जानने लायक है। उन्हीं के विद्वान कहते रहते हैं कि उसमें यह अच्छा नहीं है, वह अच्छा नहीं है। वे जिसे भूल-से गये हैं, उसी से हम अपने अज्ञान के कारण

---

1. ताईद। 2. मनचाहा देने वाली गाय। 3. गहना।

चिपके रहते हैं। उनमें अपनी-अपनी भाषा की उन्नति करने की कोशिश चल रही है। वेल्स इंग्लैंड का एक छोटा-सा परगना है; उसकी भाषा धूल जैसी नगण्य है। ऐसी भाषा का अब जीर्णोद्धार[1] हो रहा है।

वेल्स के बच्चे वेल्श भाषा में ही बोलें, ऐसी कोशिश वहाँ चल रही है। इसमें इंग्लैंड के खजांची लॉयड जॉर्ज बड़ा हिस्सा लेते हैं। और हमारी दशा कैसी है? हम एक-दूसरे को पत्र लिखते हैं तब गलत अंग्रेजी में लिखते हैं। एक साधारण एम. ए. पास आदमी भी ऐसी गलत अंग्रेजी से बचा नहीं होता।

हमारे अच्छे से अच्छे विचार प्रगट[2] करने का ज़रिया है अंग्रेजी; हमारी कांग्रेस का करोबार भी अंग्रेजी में चलता है। अगर ऐसा लंबे अरसे तक चला, तो मेरा मानना है कि आने वाली पीढ़ी हमारा तिरस्कार करेगी और उसका शाप[3] हमारी आत्मा को लगेगा।

आपको समझना चाहिये कि अंग्रेजी शिक्षा लेकर हमने अपने राष्ट्र को गुलाम बनाया है। अंग्रेजी शिक्षा से दंभ[4], राग[5], जुल्म वगैरा बढ़े हैं। अंग्रेजी शिक्षा पाये हुए लोगों ने प्रजा को ठगने में, उसे परेशान करने में कुछ भी उठा नहीं रखा है। अब अगर हम अंग्रेजी शिक्षा पाये हुए लोग उसके लिए कुछ करते हैं, तो उसका हम पर जो कर्ज चढ़ा हुआ है उसका कुछ हिस्सा ही हम अदा करते हैं।

यह क्या कम जुल्म की बात है कि अपने देश में अगर मुझे इन्साफ पाना हो, तो मुझे अंग्रेजी भाषा का उपयोग करना चाहिये! बैरिस्टर होने पर मैं स्वभाषा में बोल ही नहीं सकता! दूसरे आदमी को मेरे लिए तरजुमा कर देना चाहिये! यह कुछ कम दंभ है? यह गुलामी की हद नहीं तो और क्या है? इसमें मैं अंग्रेजों का दोष निकालूँ या अपना? हिन्दुस्तान को गुलाम बनानेवाले तो हम अंग्रेजी जानने वाले लोग ही हैं। राष्ट्र की हाय अंग्रेजों पर नहीं पड़ेगी, बल्कि हम पर पड़ेगी।

लेकिन मैंने आपसे कहा कि मेरा जवाब 'हाँ' और 'ना' दोनों है। 'हाँ' कैसे सो मैंने आपको समझाया।

अब 'ना' कैसे यह बताता हूँ। हम सभ्यता के रोग में ऐसे फँस गये हैं कि अंग्रेजी शिक्षा बिलकुल लिये बिना अपना काम चला सकें ऐसा समय अब नहीं रहा। जिसने वह शिक्षा पाई है, वह उसका अच्छा उपयोग करे। अंग्रेजों के साथ के व्यवहार में, ऐसे हिन्दुस्तानियों के साथ के व्यवहार में जिनकी भाषा हम समझ न सकते हों और अंग्रेज खुद अपनी सभ्यता से कैसे परेशान हो गये हैं यह समझने के लिए अंग्रेजी का उपयोग किया जाय। जो लोग अंग्रेजी पढ़े हुए हैं उनकी संतानों को पहले तो नीति सिखानी चाहिये, उनकी मातृभाषा[6] सिखानी

---

1. उद्धार-सँवार। 2. ज़ाहिर। 3. बद्दुआ। 4. ढोंग। 5. ममता द्वेष। 6. मादरी जबान

चाहिये और हिन्दुस्तान की एक दूसरी भाषा सिखानी चाहिये। बालक जब पुख्ता (पक्की) उम्र के हो जायें तब भले ही वे अंग्रेजी शिक्षा पायें, और वह भी उसे मिटाने के इरादे से, न कि उसके ज़रिये पैसे कमाने के इरादे से। ऐसा करते हुए भी हमें यह सोचना होगा कि अंग्रेजी में क्या सीखना चाहिये और क्या नहीं सीखना चाहिये। कौन से शास्त्र पढ़ने चाहिये, यह भी हमें सोचना होगा। थोड़ा विचार करने से ही हमारी समझ में आ जायगा कि अगर अंग्रेजी डिग्री लेना हम बन्द कर दें, तो अंग्रेज हाकिम चौकेंगे।

पाठक : तब कैसी शिक्षा दी जाय?

संपादक : उसका जवाब ऊपर कुछ हद तक आ गया है। फिर भी इस सवाल पर हम और विचार करें। मुझे तो लगता है कि हमें अपनी सभी भाषाओं को उज्ज्वल–शानदार बनाना चाहिये। हमें अपनी भाषा में ही शिक्षा लेनी चाहिये– इसके क्या मानी है, इसे ज्यादा समझाने का यह स्थान नहीं है। जो अंग्रेजी पुस्तकें काम की हैं, उनका हमें अपनी भाषा में अनुवाद करना होगा। बहुत से शास्त्र सीखने का दंभ और वहम हमें छोड़ना होगा। सबसे पहले तो धर्म की शिक्षा या नीति की शिक्षा दी जानी चाहिये। हर एक पढ़े-लिखे हिन्दुस्तानी को अपनी भाषा का, हिन्दू को संस्कृत का, मुसलमान को अरबी का, पारसी को फारसी का और सबको हिन्दी का ज्ञान होना चाहिये। कुछ हिन्दुओं को अरबी और कुछ मुसलमानों और पारसियों को संस्कृत सीखनी चाहिये। उत्तरी और पश्चिमी हिन्दुस्तान के लोगों को तामिल सीखनी चाहिये। सारे हिन्दुस्तानी के लिए जो भाषा चाहिये, वह तो हिन्दी ही होनी चाहिये। उसे उर्दू या नागरी लिपि में लिखने की छूट रहनी चाहिये। हिन्दू–मुसलमानों के संबंध ठीक रहें, इसलिए बहुत से हिन्दुस्तानियों का इन दोनों लिपियों को जान लेना ज़रूरी है। ऐसा होने से हम आपस के व्यवहार में अंग्रेजी को निकाल सकेंगे।

और यह सब किसके लिए ज़रूरी है? हम जो गुलाम बन गये हैं उनके लिए। हमारी गुलामी की वजह से देश की प्रजा गुलाम बनी है। अगर हम गुलामी से छूट जायं, तो प्रजा तो छूट ही जायगी।

पाठक : आपने जो धर्म की शिक्षा की बात कही वह बड़ी कठिन है।

संपादक: फिर भी उसके बिना हमारा काम नहीं चल सकता। हिन्दुस्तान कभी नास्तिक नहीं बनेगा। हिन्दुस्तान की भूमि में नास्तिक फल-फूल नहीं सकते। बेशक, यह काम मुश्किल है। धर्म की शिक्षा का ख़याल करते ही सिर चकराने लगता है। धर्म के आचार्य दंभी और स्वार्थी[1] मालूम होते हैं। उनके पास पहुँचने हमें नम्र भाव से उन्हें समझाना होगा। उसकी कुंजी मुल्लों, दस्तूरों और ब्राह्मणों के हाथ में है। लेकिन उनमें अगर सद्‌बुद्धि पैदा न हो, तो अंग्रेजी शिक्षा

1. खुदग़रज।

के कारण हममें जो जोश पैदा हुआ है उसका उपयोग करके हम लोगों को नीति की शिक्षा दे सकते हैं। यह कोई बहुत मुश्किल बात नहीं है। हिन्दुस्तानी सागर के किनारे पर ही मैल जमा है। उस मैल से जो गंदे हो गये हैं उन्हें साफ होना है। हम लोग ऐसे ही हैं और खुद ही बहुत साफ हो सकते हैं। मेरी यह टीका करोड़ों लोगों के बारे में नहीं है। हिन्दुस्तान को असली रास्ते पर लाने के लिए हमें ही असली रास्ते पर आना होगा। बाकी करोड़ों लोग तो असली रास्ते पर ही हैं। उसमें सुधार, बिगाड़ , उन्नति[1], अवनति[2] समय के अनुसार होते ही रहेंगे। पश्चिम की सभ्यता को निकाल बाहर करने की ही हमें कोशिश करनी चाहिये। दूसरा सब अपने-आप ठीक हो जायगा।

19.
मशीनें

पाठक : आप पश्चिम की सभ्यता को निकाल बाहर करने की बात कहते हैं, तब तो आप यह भी कहेंगे कि हमें कोई भी मशीन नहीं चाहिये।

संपादक : मुझे जो चोट लगी थी उसे यह सवाल करके आपने ताजा कर दिया है। मि. रमेशचन्द्र दत्त की पुस्तक 'हिन्दुस्तान आर्थिक इतिहास' जब मैंने पढ़ी, तब भी मेरी ऐसी हालत हो गई थी। उसका फिर से विचार करता हूँ, तो मेरा दिल भर आता है। मशीन की झपट लगने से ही हिन्दुस्तान पामाल हो गया है। मैन्चेस्टर ने हमें जो नुकसान पहुँचाया है, उसकी तो कोई हद ही नहीं है। हिन्दुस्तान से कारीगरी जो क़रीब-क़रीब खतम हो गई, वह मैन्चेस्टर का ही काम है।

लेकिन मैं भूलता हूँ। मैन्चेस्टर को दोष कैसे दिया जा सकता है? हमने उसके कपड़े पहने तभी तो उसने कपड़े बनाये। बंगाल की बहादुरी का वर्णन[3] जब मैंने पढ़ा तब मुझे हर्ष[4] हुआ। बंगाल में कपड़े की मिलें नहीं हैं, इसलिए लोगों ने अपना असली धंधा फिर से हाथ में ले लिया। बंगाल बम्बई की मिलों को बढ़ावा देता है वह ठीक ही है; लेकिन अगर बंगाल ने तमाम मशीनों से परहेज किया होता, उनका बायकाट-बहिष्कार किया होता, तो और भी अच्छा होता।

मशीनें यूरोप को उजाड़ने लगी हैं और वहाँ की हवा अब हिन्दुस्तान में चल रही है। यंत्र आज की सभ्यता की मुख्य निशानी है और वह महापाप है, ऐसा मैं तो साफ देख सकता हूँ।

---

1. तरक्की। 2. गिरावट। 3. ज़िक्र। 4. भारी खुशी।

बम्बई की मिलों में जो मजदूर काम करते हैं, वे गुलाम बन गये हैं। जो औरतें उनमें काम करती हैं, उनकी हालत देखकर कोई भी काँप उठेगा। जब मिलों की वर्षा नहीं हुई थी तब वे औरतें भूखों नहीं मरती थीं। मशीन की यह हवा अगर ज्यादा चली, तो हिन्दुस्तान की बुरी दशा होगी। मेरी बात आपको कुछ मुश्किल मालूम होती होगी। लेकिन मुझे कहना चाहिये कि हम हिन्दुस्तान में मिलें कायम करें, उसके बजाय हमारा भला इसी में है कि हम मैन्चेस्टर को और भी रुपये भेजकर उसका सड़ा हुआ कपड़ा काम में लें; क्योंकि उसका कपड़ा काम में लेने से सिर्फ हमारे पैसे ही जायेंगे। हिन्दुस्तान में अगर हम मैन्चेस्टर कायम करेंगे तो पैसा हिन्दुस्तान में ही रहेगा, लेकिन वह पैसा हमारा खून चूसेगा; क्योंकि वह हमारी नीति को बिलकुल खतम कर देगा। जो लोग मिलों में काम करते हैं उनकी नीति कैसी है, यह उन्हीं से पूछा जाय। उनमें से जिन्होंने रुपये जमा किये हैं, उनकी नीति दूसरे पैसे वालों से अच्छी नहीं हो सकती। अमरीका के रॉकफेलरों से हिन्दुस्तान के रॉकफेलर कुछ कम है ऐसा मानना निरा अज्ञान है। गरीब हिन्दुस्तान तो गुलामी से छूट सकेगा, लेकिन अनीति से पैसे वाला बना हुआ हिन्दुस्तान गुलामी से कभी नहीं छूटेगा।

मुझे तो लगता है कि हमें यह स्वीकार करना होगा कि अंग्रेजी राज्यको यहाँ टिकाये रखनेवाले ये धनवान लोग ही हैं। ऐसी स्थिति में ही उनका स्वार्थ सधेगा। पैसा आदमी को दीन[1] बना देता है। ऐसी दूसरी चीज दुनिया में विषय-भोग[2] है। ये दोनों विषय[3] विषमय[4] हैं। उनका डंक साँप के डंक से ज्यादा ज़हरीला है। जब साँप काटता है तो हमारा शरीर लेकर हमें छोड़ देता है। जब पैसा या विषय काटता है तब वह शरीर, ज्ञान, मन सब-कुछ ले लेता है, तो भी हमारा छुटकारा नहीं होता। इसलिए हमारे देश में मिलें कायम हों, इसमें खुश होने जैसा कुछ नहीं है।

पाठक : तब क्या मिलों को बन्द कर दिया जाय?

संपादक : यह बात मुश्किल है। जो चीज़ स्थायी या मज़बूत हो गई है, उसे निकालना मुश्किल है। इसीलिए काम शुरू न करना पहली बुद्धिमानी है।* मिल-मालिकों की ओर हम नफ़रत की निगाह से नहीं देख सकते। हमें उन पर दया नहीं करनी चाहिये। वे यकायक मिलें छोड़ दें, यह तो मुमकिन नहीं है; लेकिन हम उनसे ऐसी बिनती कर सकते हैं कि वे अपने इस साहस को बढ़ायें नहीं। अगर वे देशका भला करना चाहें, तो खुद अपना काम धीरे-धीरे कम कर सकते हैं। वे खुद पुराने, प्रौढ़, पवित्र चरखे देश के हजारों घरोंमें दाखिल कर सकते हैं और लोगों का बुना हुआ कपड़ा लेकर उसे बेच सकते हैं।

---

1. लाचार। 2. शहबत। 3. बातें। 4. ज़हरीले।

*अनारम्भो हि कार्याणाम् प्रथमं बुद्धि लक्षणम्।
आरब्धस्यान्तगमनम् द्वितींय बुद्धिलक्षणम्।।

अगर वे ऐसा न करें तो भी लोग खुद मशीनों का कपड़ा इस्तेमाल करना बन्द कर सकते हैं।

पाठक : यह तो कपड़े बारे में हुआ। लेकिन यंत्र की बनी तो अनेक चीजें हैं। वे चीजें या तो हमें परदेश से लेनी होंगी या ऐसे यंत्र हमारे देश में दाखिल करने होंगे।

संपादक : सचमुच हमारे देव (मुर्तियाँ) भी जर्मनी के यंत्रों में बनकर आते हैं; तो फिर दियासिलाई या आलपिन से लेकर काँच के झाड़-फानूस की तो बात ही क्या? मेरा अपना जवाब तो एक ही है। जब ये सब चीजें यंत्र से नहीं बनती थीं तब हिन्दुस्तान क्या करता था? वैसा ही वह आज भी कर सकता है। जब तक हम हाथ से आलपिन नहीं बनायेंगे तब तक उसके बिना हम अपना काम चला लेंगे। झाड़-फानूस को आग लगा देंगे। मिट्टी के दीये में तेल डालकर और हमारे खेत में पैदा हुई रुइ की बत्ती बनाकर दिया जलायेंगे। ऐसा करने से हमारी आँखें (खराब होने से) बचेंगी, पैसे बचेंगे और हम स्वदेशी रहेंगे, बनेंगे और स्वराज्य की धूनी जगायेंगे।

यह सारा काम सब लोग एक ही समय में करेंगे या एक ही समय में कुछ लोग यंत्र की सब चीजें छोड़ देंगे, यह संभव नहीं है। लेकिन अगर यह विचार सही होगा, तो हम हमेशा शोध-खोज करते रहेंगे और हमेशा थोड़ी-थोड़ी चीजें छोड़ते जायेंगे। अगर हम ऐसा करेंगे तो दूसरे लोग भी ऐसा करेंगे। पहले तो यह विचार जड़ पकड़े यह ज़रूरी है; बाद में उसके मुताबिक काम होगा। पहले एक ही आदमी करेगा, फिर दस, फिर सौ-यों नारियल की कहानी की तरह लोग बढ़ते ही जायेंगे। बड़े लोग जो काम करते हैं, उसे छोटे भी करते हैं और करेंगे। समझें तो बात छोटी और सरल है। आपको और मुझे दूसरों की करने की राह नहीं देखना है। हम तो ज्यों ही समझ लें त्यों ही उसे शुरू कर दें। जो नहीं करेगा वह खोयेगा। समझते हुए भी जो नहीं करेगा, वह निरा दंभी कहलायेगा।

पाठक : ट्रामगाड़ी और बिजली की बत्ती का क्या होगा?

संपादक : यह सवाल आपने बहुत देर से किया। इस सवाल में अब कोई जान नहीं रही। रेल ने अगर हमारा नाश किया है, तो क्या ट्राम नहीं करती? यंत्र तो साँप का ऐसा बिल है, जिसमें एक नहीं बल्कि सैकड़ों साँप होते हैं। एक के पीछे दूसरा लगा ही रहता है। जहाँ यंत्र होंगे वहाँ बड़े शहर होंगे। जहाँ बड़े शहर होंगे वहाँ ट्रामगाड़ी और रेलगाड़ी होगी। वहीं बिजली की बत्ती की जरूरत रहती है। आप जानते होंगे कि विलायत में भी देहातों में बिजली की बत्ती या ट्राम नहीं है। प्रामणिक वैद्य और डॉक्टर आपको बतायेंगे कि जहाँ रेलगाड़ी, ट्रामगाड़ी वगैरा साधन[1] बढ़े हैं, वहाँ

---

1. जरिये।

लोगों की तन्दरुस्ती गिरी हुई होती है। मुझे याद है कि यूरोप के एक शहर में जब पैसे की तंगी हो गई थी तब ट्रामों, वकीलों और डॉक्टरों की आमदनी घट गयी थी, लेकिन लोग तन्दुरुस्त हो गये थे।

यंत्र का गुण तो मुझे एक भी याद नहीं आता, जब कि उसके अवगुणों से मैं पूरी किताब लिख सकता हूँ।

पाठक : यह सारा लिखा हुआ यंत्र की मदद से छापा जायगा और उसकी मदद से बाँटा जायगा, यह यंत्रका गुण है या अवगुण?

संपादक : यह 'जहर की दवा जहर है' की मिसाल है। इसमें यंत्र का कोई गुण नहीं है। यंत्र मरते-मरते कह जाता है कि 'मुझसे बचिये, होशियार रहिये; मुझसे आपको कोई फायदा नहीं होने का।' अगर ऐसा कहा जाय कि यंत्र ने इतनी ठीक कोशिश की, तो यह भी उन्हीं के लिए लागू होता है जो यंत्र के जाल में फँसे हुए हैं।

लेकिन मूल बात न भूलियेगा। मन में यह तय कर लेना चाहिये कि यंत्र खराब चीज है। बाद में हम उसका धीरे-धीरे नाश करेंगे। ऐसा कोई सरल[1] रास्ता कुदरत ने ही बनाया नहीं है कि जिस चीज की हमें इच्छा हो वह तुरन्त मिल जाय। यंत्र के ऊपर हमारी मीठी नज़र के बजाय ज़हरीली नज़र पड़ेगी, तो आखिर वह जायगा ही।

20

छुटकारा

पाठक : आपके विचार से ऐसा लगता है कि आप एक तीसरा ही पक्ष कायम करना चाहते हैं। आप एक्स्ट्रीमिस्ट भी नहीं हैं और मॉडरेट भी नहीं हैं।

संपादक : यहाँ आपकी भूल होती है। मेरे मन में तीसरे पक्ष का कोई ख़याल नहीं है। सबके विचार एक से नहीं रहते। मॉडरेटों में भी सब एक ही विचार के हैं, ऐसा नहीं मानना चाहिये। जिसे (लोगों की) सेवा ही करनी है, उसके लिए पक्ष कैसा? मैं तो मॉडरेटों की सेवा करूँगा और एक्स्ट्रीमिस्टों की भी करूँगा। जहाँ उनके विचार से मेरी राय अलग पड़ेगी वहाँ मैं उन्हें नम्रता से बताऊँगा और अपना काम करता चलूँगा।

पाठक : अगर आप दोनों से कहना चाहे तो क्या कहेंगे?

संपादक : एक्स्ट्रीमिस्टों से मैं कहूँगा कि आपका हेतु हिन्दुस्तान के लिए स्वराज्य हासिल करने का है। स्वराज्य आपकी कोशिश से मिलने वाला नही हैं।

---

1. आसान या सीधा।

स्वराज्य तो सबको अपने लिए पाना चाहिये–और सबको उसे अपना बनाना चाहिये। दूसरे लोग जो स्वाराज्य दिला दें वह स्वराज्य नहीं है, बल्कि परराज्य है। इसलिए सिर्फ अंग्रेजों को बाहर निकाला कि आपने स्वराज्य पा लिया, ऐसा अगर आप मानते हों तो वह ठीक नहीं है। सच्चा स्वराज्य जो मैंने पहले बताया वही होना चाहिये। उसे आप गोला–बारूद से कभी नहीं पायेंगे। गोला–बारूद हिन्दुस्तान को सधेगा नहीं। इसलिए सत्याग्रह पर ही भरोसा रखिये। मन में ऐसा शक भी पैदा न होने दीजिये कि स्वराज्य पाने के लिए हमें गोला–बारूद की ज़रूरत है।

मॉडरेटों से मैं कहूँगा कि हम खाली आजिज़ी करना चाहें, यह तो हमारी हीनता[1] होगी। उसमें हम अपना हलकापन कबूल करते हैं। 'अंग्रेजों से सम्बन्ध रखना हमारे लिए ज़रूरी है' – ऐसा कहना हमारे लिए, ईश्वर के चोर बनने जैसा हो जाता है। हमें ईश्वर के सिवा और किसी की जरूरत है, ऐसा कहना ठीक नहीं है। और साधारण विचार करने से भी हमें लगेगा कि 'अंग्रेजों के बिना आज तो हमारा काम चलेगा ही नहीं' ऐसा कहना अंग्रेजों को अभिमानी बनाने जैसा होगा।

अंग्रेज बोरिया–बिस्तर बांधकर अगर चले जायेंगे, तो हिन्दुस्तान अनाथ हो जायेगा ऐसा नहीं मानना चाहिये। अगर वे गये तो संभव है कि जो लोग उनके दबाव से चुप रहे होंगे वे लड़ेंगे। फोड़े को दबाकर रखने से कोई फायदा नहीं। उसे तो फूटना ही चाहिये। इसलिए अगर हमारे भाग में आपस में लड़ना ही लिखा होगा तो हम लड़ मरेंगे। उसमें कमज़ोर को बचाने के बहाने किसी दूसरे को बीच में पड़ने की ज़रूरत नहीं है। इसी से तो हमारा सत्यानाश हुआ है। इस तरह कमजोर को उसे और भी कमजोर बनाने जैसा है। मॉडरेटों को इस बात पर अच्छी तरह विचार करना चाहिये। इसके बिना स्वराज्य नहीं प्राप्त हो सकता। मैं उन्हें एक अंग्रेज पादरी के शब्दों की याद दिलाऊंगा : "स्वराज्य में अंधाधुंधी बरदाश्त की जा सकती है, लेकिन परराज्य की व्यवस्था[2] हमारी कंगाली को बताती है।" सिर्फ उस पादरी के स्वराज्य और हिन्दुस्तान के स्वराज्य का अर्थ अलग है। हम किसी का भी जुल्म या दबाव नहीं चाहते – चाहे वा गोरा हो या हिन्दुस्तानी को। हम सबको तैरना सीखना और सिखाना है।

अगर ऐसा हो तो एक्स्ट्रामिस्ट और मॉडरेट दोनों मिलेंगे – मिल सकेंगे – दोनों को मिलना चाहिये; दोनों को एक–दूसरे का डर रखने की या अविश्वास करने की जरूरत नहीं है।

पाठक : इतना तो आप दोनों पक्षों से कहेंगे। परन्तु अंग्रेजों से क्या कहेंगे?

---

1. कमी। 2. बन्दोबस्त।

संपादक : उनसे मैं विनय से कहूँगा कि आप हमारे राजा जरूर हैं आप अपनी तलवार से हमारे राजा है या हमारी इच्छा से, इस सवाल की चर्चा मुझे करने की जरूरत नहीं। आप हमारे देश में रहे इसका भी मुझे द्वेष[1] नहीं है। लेकिन राजा होते हुए भी आपको हमारे नौकर बनकर रहना होगा। आपका कहा हमें नहीं, बल्कि हमारा कहा आपको करना होगा। आज तक आप इस देश से जो धन ले गये, वह भले आपने हजम कर लिया। लेकिन अब आगे आपका ऐसा करना हमें पसंद नहीं होगा। आप हिन्दुस्तान में सिपाहीगिरी करना चाहें तो रह सकते हैं। हमारे साथ व्यापार करने का लालच आपको छोड़ना होगा। जिस सभ्यता की आप हिमायत करते हैं, उसे हम नुकसानदेह मानते हैं। अपनी सभ्यता हम आपकी सभ्यता से कहीं ज्यादा ऊंची समझते हैं। आपको भी ऐसा लगे तो उसमें आपका लाभ ही है। लेकिन ऐसा न लगे तो भी आपको, आपकी कहावत के *मुताबिक, हमारे देश में हिन्दुस्तानी होकर रहना होगा। आपको ऐसा कुछ नहीं करना चाहिये, जिससे हमारे धर्म को बाधा पहुँचे। राजकर्ता होने के नाते आपका फर्ज है कि हिन्दुओं की भावना का आदर करने के लिए आप गाय का मांस खाना छोड़ दें और मुसलमानों के खातिर बुरे जानवर - (सूअर) का मांस खाना छोड़ दें। हम दब गये थे इसलिए बोल नहीं सके, लेकिन आप ऐसा न समझें कि आपके इस बरताव से हमारी भावनाओं को चोट नहीं पहुंची है। हम स्वार्थ या दूसरे भय से आज तक कह नहीं सके, लेकिन अब यह कहना हमारा फर्ज हो गया है। हम मानते हैं कि आपकी क़ायम की हुई शालाएं और अदालतें हमारे किसी काम की नहीं हैं। उनके बजाय हमारी पुरानी असली शालाएँ और अदालतें ही हमें चाहिये।

हिन्दुस्तान की आम भाषा अंग्रेजी नहीं बल्कि हिन्दी है। वह आपको सीखनी होगी और हम तो आपके साथ अपनी भाषा में ही व्यवहार करेंगे।

आप रेलवे और फ़ौज के लिए बेशुमार रूपये खर्च करते हैं, यह हमसे देखा नहीं जाता। हमें उसकी जरूरत नहीं मालूम होती। रूस का डर आपको होगा, हमें नहीं है। रूसी आयेंगे तब हम उनसे निबट लेगें; आप होंगे तो हम दोनों मिलनकर उनसे निबट लेंगें। हमें विलायती या यूरोपी कपड़ा नहीं चाहिये। इस देश में पैदा होने वाली चीजों से हम अपना काम चला लेंगे। आपकी एक आँख मैन्चेस्टर पर और दूसरी हम पर रहे, यह अब नहीं पुसायेगा। आपका और हमारा स्वार्थ एक ही है, इस तरह आप बरतेंगे तभी हमारा साथ बना रह सकता है।

आपसे यह सब हम बेअदबी से नहीं कह रहे हैं। आपके पास हथियार-बल है, भारी जहाजी सेना है। उसे खिलाफ वैसी ही ताक़त से हम नहीं लड़ सकते। लेकिन आपको अगर ऊपर कही गई बात मंजूर न हो, तो आपसे हमारी नहीं

---

1. डाह, ईर्ष्या, बैर।।

*Be a Roman in Rome-रोम में रोमन बन कर रहो।

बनेगी। आपकी मरजी में आये तो और मुमकिन हो तो आप हमें तलवार से काट सकते हैं, मरजी में आये तो हमें तोप से उड़ा सकते हैं। हमें जो पसंद नहीं है वह अगर आप करेंगे, तो हम आपकी मदद नहीं करेंगे; ओर बगैर हमारी मदद के आप एक कदम भी नहीं चल सकेंगे।

संभव है अपनी सत्ता के मद में हमारी इस बात को आप हँसी में उड़ा दें। आपका हँसना बेकार है, ऐसा आज शायद हम नहीं दिखा सकें। लेकिन अगर हममें कुछ दम होगा, तो आप देखेंगे कि आपका मद[1] बेकार है और आपका हँसना (विनाश-कालकी) विपरीत[2] बुद्धि की निशानी है।

हम मानते हैं कि आप स्वभाव से धार्मिक राष्ट्र की प्रजा हैं। हम तो धर्मस्थान में ही बसे हुए हैं। आपका और हमारा कैसे साथ हुआ, इसमें उतरना फ़िज़ूल है। लेकिन अपने इस सम्बन्ध का हम दोनों अच्छा उपयोग कर सकते हैं।

आप हिन्दुस्तान में आने वाले जो अंग्रेज हैं वे अंगेज प्रजा के सच्चे नमूने नहीं हैं; और हम जो आधे अंग्रेज जैसे बन गये हैं वे भी सच्ची हिन्दुस्तानी प्रजा के नमूने नहीं कहे जा सकते। अंग्रेज प्रजा को अगर आपकी करतूतों के बारे में सब मालूम हो जाय, तो वह आपके कामों के खिलाफ़ हो जाय। हिन्द की प्रजा ने तो आपके साथ संबंध थोड़ा ही रखा है। आप अपनी सभ्यता को, जो दरअसल बिगाड़ करने वाली है, छोड़कर अपने धर्म की छानबीन करेंगे, तो आपको लगेगा कि हमारी माँग ठीक है। इसी तरह आप हिन्दुस्तान में रह सकते हैं। अगर उस ढंग से आप यहाँ रहेंगे तो आपसे हमें जो थोड़ा सीखना है वह हम सीखेंगे और हमसे आपको जो बहुत सीखना है वह आप सीखेंगे। इस तरह हम (एक-दूसरे से) लाभ उठायेंगे और सारी दुनिया को लाभ पहुंचायेंगे। लेकिन यह तो तभी हो सकता है जब हमारे संबंध की जड़ धर्म क्षेत्र में जमे।

पाठक : राष्ट्र से आप क्या कहेंगे?

संपादक : राष्ट्र कौन?

पाठक : अभी तो आप जिस अर्थ में यह शब्द काम में लेते हैं उसी अर्थवाला राष्ट्र, यानी जो लोग यूरोप की सभ्यता में रंगे हुए हैं, जो स्वराज्य की आवाज उठा रहे हैं।

संपादक : इस राष्ट्र से मैं कहूँगा कि जिस हिन्दुस्तानी को (स्वराज्य की) सच्ची खुमारी यानी मस्ती चढ़ी होगी, वही अंग्रेजों से ऊपर की बात कह सकेगा और उनके रोब से नहीं दबेगा।

सच्ची मस्ती तो उसी को चढ़ सकती है, उसे ज्ञानपूर्वक - समझ बूझकर - यह मानता हो कि हिन्द की सभ्यता सबसे अच्छी है और यूरोप की सभ्यता चार दिन की चाँदनी है। वैसे सभ्यतायें तो आज तक कई हो गयीं और मिट्टी

1. गरूर, घमंड। 2. उलटी।

में मिल गयीं, आगे भी कई होंगी और मिट्टी में मिल जायेंगी।

सच्ची खुमारी उसी को हो सकती है, जो आत्मबल अनुभव करके शरीर बल से नहीं दबेगा और निडर रहेगा तथ सपने में भी तोप-बल का उपयोग करने की बात नहीं सोचेगा।

सच्ची खुमारी उसी हिन्दुस्तानी को रहेगी, जो आज की लाचार हाल से बहुत ऊब गया होगा और जिसने पहले से ही ज़हर का प्याला पी लिया होगा।

ऐसा हिन्दुस्तानी अगर एक ही होगा, तो वह भी ऊपर की बात अंग्रेजों से कहेगा और अंग्रेजों को उसकी बात सुननी पड़ेगी।

ऊपर की माँग माँग नहीं है; वह हिन्दुस्तानयों के मन की दशा को बताती है। माँगने से कुछ नहीं मिलेगा; वह तो हमें खुद लेना होगा। उसे लेने की हममें ताकत होनीचाहिये। यह ताकत उसी में होगी:

(1) जो अंग्रेजी भाषा का उपयोग लाचारी से ही करेगा।

(2) जो वकील होगा तो अपनी वकालत छोड़ देगा और खुद घर में चरखा चलाकर कपड़े बुन लेगा।

(3) जो वकील होने के कारण अपने ज्ञान का उपयोग सिर्फ लोगों को समझाने और लोगों की आँखें खोलने में करेगा।

(4) जो वकील होकर वादी-प्रतिवादी-मुद्दई और मुद्दालेह-के झगड़ों में नहीं पड़ेगा, अदालतों को छोड़ देगा और अपने अनुभव से दूसरों को अदालत छोड़ने के लिए समझायेगा।

(5)जो वकील होते हुए भी जैसे वकालत छोड़ेगा वैसे न्यायधीशपन[1] भी छोड़ेगा।

(6) जो डॉक्टर होते हुए भी अपना पेशा छोड़ेगा और समझेगा कि लोगों की चमड़ी चीथने के बजाय बेहतर है कि उनकी आत्मा को छुआ जाय और उसके बारे में शोध-खोज करके उन्हें तंदुरुस्त बनाया जाय।

(7) जो डॉक्टर होने से समझेगा कि खुद चाहे जिस धर्म का हो, लेकिन अंग्रेजी वैद्यशालाओं-फार्मसियों में जीवों पर निर्दयता की जाती है, वैसी निर्दयता से (बनी हुई दवाओं से) शरीर को चंगा करने की बजाये बेहतर है कि शरीर रोगी रहे।

(8) जो डॉक्टर होने पर भी खुद चरखा चलायेगा और जो लोग बीमार होंगे उन्हें उनकी बीमारी का सही कारण बताकर उसे दूर करने के लिए कहेगा; निकम्मी दवाएं देकर उन्हें गलत लाड़ नहीं लड़ायेगा। वह तो यही समझेगा कि निकम्मी दवाएं न लेने से बीमार की देह अगर गिर भी जाय, तो उससे दुनिया अनाथ नहीं हो जायेगी, और यही मानेगा कि उसने बीमार पर सच्ची दया की है।

(9) जो धनी होने पर भी धन की परवाह किये बिना अपने मन में होगा

1. जजी।

वही कहेगा और बड़े-से-बड़े सत्ताधीश की भी परवाह न करेगा।

(10) जो धनी होने से अपना रुपया चरखे चालू करने में खरचेगा और खुद सिर्फ़ स्वदेशी माल का इस्तेमाल करके दूसरों को भी ऐसा करने के लिए बढ़ावा देगा।

(11) दूसरे हर हिन्दुस्तानी की तरह जो यह समझेगा कि यह समय पश्चाताप का[1], प्रायश्चित्त[2] का और शोक[3] का है।

(12) जो दूसरे हर हिन्दुस्तानी की तरह यह समझेगा कि अंग्रेजों का कसूर निकालना बेकार है। हमारे कसूर की वज़ह से वे हिन्दुस्तान में आये, हमारे कसूर के कारण ही वे यहाँ रहते हैं और हमारा कसूर दूर होगा तब वे यहाँ से चले जायेंगे या बदल जायेंगे।

(13) दूसरे हिन्दुस्तानियों की तरह जो यह समझेगा कि मातम के वक्त मौज-शौक नहीं हो सकते। जब तक हमें चैन नहीं है तब तक हमारा जेल में रहना या देशनिकाला भोगना ही ठीक है।

(14) जो दूसरे हिन्दुस्तानियों की तरह यह समझेगा कि लोगों को समझाने के बहाने जेल में न जाने की खबरदारी रखना निरा मोह है।

(15) जो दूसरे हिन्दुस्तानियों की तरह यह समझेगा कि कहने से करने का असर अद्भुत होता है; हम निडर होकर मन में है वही कहेंगे और इस तरह कहने का जो नतीजा आये उसे सहेंगे, तभी हम अपने कहने का असर दूसरों पर डाल सकेंगे।

(16) जो दूसरे हिन्दुस्तानियों की तरह यह समझेगा कि हम दुख सहन करके ही बंधन यानी गुलामी से छुट सकेंगे।

(17) जो दूसरे दूसरे हिन्दुस्तानियों की तरह समझेगा कि अंग्रेजों की सभ्यता को बढ़ावा देकर हमने जो पाप किया है, उसे धो डालने के लिए अगर हमें मरने तक भी अंदमान में रहना पड़े, तो वह कुछ ज्यादा नहीं होगा।

(18) जो दूसरे हिन्दुस्तानियों की तरह समझेगा कि कोई भी राष्ट्र दुख सहन किये बिना ऊपर चढ़ा नहीं है। लड़ाई के मैदान में भी दुख ही कसौटी होता है, न कि दूसरे को मारना। सत्याग्रह के बारे में भी ऐसा ही है।

(19) जो दूसरे हिन्दुस्तानियों की तरह समझेगा कि यह कहना कुछ न करने के लिए एक बहना भर है कि 'जब सब लोग करेंगे तब हम भी करेंगे'। हमें ठीक लगता है इसलिए हम करें, जब दूसरों को ठीक लगेगा तब वे करेंगे – यही करने का सच्चा रास्ता है। अगर मैं स्वादिष्ट[4] भोजन देखता हूँ, तो उसे खाने के लिए दूसरे की राह नहीं देखता। ऊपर कहे मुताबिक प्रयत्न[5] करना, दुख सहना यह स्वादिष्ट भोजन है। ऊबकर लाचारी से करना या दुख सहना निरी बेगार है।

---

1. अफ़सोस, पछतावा। 2. कफ़्फ़ारा। 3. मातम। 4. जायकेदार। 5. कोशिश।

पाठक : सब ऐसा कब करेंगे और कब उसका अंत आयेगा?

संपादक : आप फिर भूलते हैं। सबकी न तो मुझे परवाह है, न आपको होनी चाहिए। 'आप अपना देख लीजिये, मैं अपना देख लूंगा' - यह स्वार्थ-वचन माना जाता है, लेकिन यह परमार्थ-वचन भी है। मैं अपना उजालूँगा-अपना भला करूँगा, तभी दूसरे का भला कर सकूँगा। अपना कर्तव्य[1] मैं कर लूँ, इसी में काम की सारी सिद्धियाँ समाई हुई हैं।

आपको बिदा करने से पहले फिर एक बार मैं यह दोहराने की इजाजत चाहता हूं कि :

(1) अपने मन का राज्य स्वराज्य है।

(2) उसकी कुंजी सत्याग्रह, आत्मबल या करुणा-बल है।

(3) उस बल को आजमाने के लिए स्वदेशी को पूरी तरह अपनाने की जरूरत है।

(4) हम जो करना चाहते हैं वह अंग्रेजों के लिए (हमारे मन में) द्वेष है इसलिए या उन्हें सजा देने के लिए नहीं करें, बल्कि इसलिए करें कि ऐसा करना हमारा कर्तव्य है। मतलब यह कि अंग्रेज अगर नमक-महसूल रद कर दें, लिया हुआ धन वापस कर दें, सब हिन्दुस्तानियों को बड़े-बड़े ओहदे दे दें और अंग्रेजी लश्कर हटा लें, तो हम उनकी मिलों का कपड़ा पहनेंगे, या अंग्रेजी भाषा काम में लायेंगे, या उनकी हुनर-कला का उपयोग करेंगे सो बात नहीं है। हमें यह समझना चाहिये कि वह सब दरअसल नहीं करने जैसा है, इसलिए हम उसे नहीं करेंगे।

मैनें जो कुछ कहा है वह अंग्रेजों के लिए द्वेष होने के कारण नहीं, बल्कि उनकी सभ्यता के लिए द्वेष होने के कारण कहा है।

मुझे लगता है कि हमने स्वराज्य का नाम तो लिया, लेकिन उसका स्वरूप हम नहीं समझे हैं। मैंने उसे जैसा समझा है वैसा यहाँ बताने की कोशिश की है।

मेरा मन गवाही देता है कि ऐसा स्वराज्य पाने के लिए मेरा यह शरीर समर्पित[2] है।

---

1. फ़र्ज। 2. भेंट, नज़र किया हुआ।

परिशिष्ट - 1

'हिन्द स्वराज्य' के हिंदी अनुवाद के लिए गांधी जी ने जो प्रस्तावना लिखी थी, उसमें उन्होंने मिलों के बारे में नीचे की बात कही थी :

''यह पुस्तक मैंने सन् 1909 में लिखी थी। 12 वर्ष के अनुभव के बाद भी मेरे विचार जैसे उस समय थे वैसे ही आज भी हैं। मैं आशा करता हूँ कि पाठक मेरे इन विचारों को प्रयोग करके उनकी सिद्धता अथवा असिद्धता का निर्णय कर लेंगे।

'मिलों के सम्बन्ध में मेरे विचारों में इतना परिवर्तन हुआ है कि हिन्दुस्तान की आज की हालत में मैन्चेस्टर के कपड़े के बजाय हिन्दुस्तान की मिलों का प्रोत्साहन देकर भी अपना जरूरत कपड़ा हमें अपने देश में ही पैदा कर लेना चाहिए।''

[सन् 1921]

'हिन्द स्वराज्य' के अंग्रेजी अनुवाद की प्रस्तावना लिखते हुए गांधी जी ने इस पुस्तक का एक ग्राम्य शब्द सुधारने की इच्छा बताई थी :

''इस समय इस पुस्तक को इसी रूप में प्रकाशित करना मैं आवश्यक समझता हूँ। परन्तु यदि इसमें मुझे कुछ भी सुधार करना हो, तो मैं एक शब्द सुधारना चाहूँगा। एक अंग्रेज महिला मित्र को मैंने वह शब्द बदलने का वचन दिया है। पार्लियामेन्ट को मैंने वेश्या कहा है। यह शब्द उन बहन को पसन्द नहीं है। उनके कोमल हृदय को इस शब्द के ग्राम्य भाव से दु:ख पहुँचा है।''

परिशिष्ट - 2
कुछ प्रमाणभूत ग्रंथ

'हिन्द स्वराज्य' के अध्ययन को आगे बढ़ाने के लिए नीचे की पुस्तकें पढ़ना उपयोगी होगा :

1. The Kingdom of God is Within You–*Tolstoy*
2. What is Art? –*Tolstoy*
3. The Slavery of Our Times – *Tolstoy*
4. The First Step – *Tolstoy*
5. How Shall We Escape? –*Tolstoy*
6. Letter to a Hindoo – *Tolstoy*
7. The White Slaves of England –*Tolstoy*
8. Civilization, Its Cause and Cure –*Carpenter*
9. The Fallacy of Speed –*Taylor*
10. A New Crusade –*Blount*
11. On the Duty of Civil Disobedience –*Thoreau*
12. Life Without Principle –*Thoreau*
13. Unto This Last –*Ruskin*
14. A Joy for Ever –*Ruskin*
15. Duties of Man –*Mazzini*
16. Defence and Death of Socrates –*From Plato*
17. Paradoxes of Civilization – *Maxo Nordau*
18. Poverty and Un–British Rule in India –*Naoroji*
19. Economic History of India –*Dutt*
20. Village Communities –*Maine*